"30-PUN DE 5-OKU UTTA OTOKO NO KATTEMORAU GIHO" by Takuya
Hoshino Copyright ⓒ Takuya Hoshino 2004.
All rights reserved.
Original Japanese edition published by Index Communications.

This Korean edition is published by arrangement with Takuya Hoshino in care
of The Appleseed Agency Ltd., Tokyo through Tuttle-Mori Agency, Inc.,
Tokyo and Shin Won Agency Co., Seoul.
Korean translation rights ⓒ 2004 by Korea Industrial Training Institute.

이 책의 한국어판 저작권은 신원 에이전시를 통한 저작권자와의 독점 계약으로
한국산업훈련연구소에 있습니다. 신저작권법에 의해 한국 내에서 보호를 받는
저작물이므로 무단 전재와 복제를 금합니다.

이 도서의 국립중앙도서관 출판시도서목록(CIP)은
e-CIP 홈페이지(http://www.nl.go.kr/cip.php)에서 이용하실 수 있습니다.
(CIP제어번호: CIP2004002001)

당신에게 공개하는 특별한 비법

이 책은 좀처럼 물건이 팔리지 않는 요즘과 같은 불황기에 30분 간의 TV홈쇼핑 방송을 통해 순식간에 50억 원이라는 어마어마한 매출을 올린 내가 특별히 당신에게 그 비법을 공개하는 비법전수의 책이다.

그런데 당신은 비즈니스 관련 서적을 자주 읽는 편인가?
당신은 정기적인 수입이 있는 직장인이고, 매일같이 잔업에 시달리기는 하지만 해마다 2차례씩 보너스를 받는 그런 입장에 있는가?

사실 나는 비즈니스 서적은 읽어본 적이 없다. 샐러리맨 경험도 없을 뿐 아니라 물건을 판매해 본 경험도 전혀 없다. 비즈니스 면에서는 완전한 초보자인 셈이다.
그런 내가 생각해 낸 '한 가지 방법'을 30분간 방송되는 TV홈쇼핑 프로그램에 도입한 결과 그 상품에 대한 주문이 쇄도하면서 순식간에 '50억 원'이라는 매출을 올리는 대박을 터트리게 되었다.
TV홈쇼핑 방송을 통해서가 아니면 구입할 수 없는, 즉 시청자의 입장에서는 처음 보는 신종 상품이었으므로, 내가 생각해 낸 그 '한 가지 방법'이 폭발적인 매출을 기록하게 된 요인이라고 나는 단언할 수 있다.
그런 내가 이제 그 비밀을 공개한다.

먼저 '사물을 보는 관점'에 대해서 이야기 해보자.

예를 들어 업무상 난관에 봉착하여 어떻게든 해결해야 하는 상황에 처했을 때를 생각해 보자. 사무실 책상 앞에 앉아 몇 시간이고 머리를 굴려보아도 묘안이 떠오르지 않아 애를 태우는, 그런 경험이 누구에게나 있을 것이다.
그런데 가령, 그 날 밤 집으로 돌아가 일과는 전혀 상관없는 텔레비전 오락프로그램을 보다가 누군가가 무심코 내뱉은 한 마디로 인해 회사에서 아무리 생각에 생각을 거듭해도 떠오르지 않았던 해답이 한순간에 번뜩이는 경우가 있다.

아마 그런 경험을 했던 사람은, '사물을 보는 관점'을 바꿈으로써 해답이 보이게 되었을 것이라고 생각한다.

보다 구체적인 예를 들어보기로 하자.
한번 상상을 해보기 바란다.

당신은 대학을 졸업하자마자 한 문구회사에 취직을 했다. 영업직에서 일을 한지 7년 째. 웬만큼 업무파악을 할 수 있게 되었으며, 판매실적은 그저 그런 영업사원이다.
덧붙이자면 입사 3년 째에 관리과 여사원과 사내결혼에 골인. 그녀는 결혼과 동시에 퇴직을 했고 당신과의 사이에 1남1녀를 둔 전업주부가 되었다.

그런 당신에게 이번에 회사의 운명이 걸린 혁신적인 신제품

'코끼리가 밟아도 망가지지 않는 필통'*을 대박 상품으로 만들어 내야 한다는 임무가 주어졌다.
만일 이 일에 실패한다면 명예퇴직이 당신을 기다릴 것이다. 반대로 대박이 나게 되면 '과장승진+특별보너스 지급'을 회사에서는 약속했다.

자, 이제 당신이라면 어떻게 하겠는가?

어쨌거나 누가 뭐라고 해도 당신은 영업 경력 7년째인 중견사원이다.

---

* 일본에서 30여 년 전에 한 때 굉장히 유행했던 문구의 하나. TV CF에서 진짜 코끼리가 출현해서 필통을 밟았는데도 부서지지 않는 모습을 본 아이들은 놀라움에 모두가 그 필통을 갖고 싶어했고, 부모들은 '튼튼하다면 오래 쓰고 좋겠다'고 생각한 결과 하나같이 이 필통을 사용하게 되었다. 그런데 정말로 좀처럼 망가지지 않아 실증이 나고 더러워지기도 해서 일부러 망가뜨리는 사람도 적지 않았다고 한다. 제조회사 측에서도 쉽게 망가지지 않고 오래 쓰다 보니 많이 팔리지 않아서 생산을 중지했는지 시장에 출시된 기간은 의외로 짧았다고 한다. 현재 일본에서는 '코끼리가 밟아도 부서지지 않는…' 식으로 매우 튼튼함을 나타내는 표현으로 사용되기도 한다. – 역자 주

경험법칙에 근거해서 영업에 필요한 작전 몇 가지 쯤은 곧바로 떠올릴 수 있을 것이다.
그 작전으로 가겠는가?

잠깐.

당신의 실적은 늘 '그저 그런' 정도이다.
그저 그런 경험법칙이 대박을 만들어낼 수 있을까?
… 두말하면 잔소리다.
대박을 노린다면 흥하든 망하든 하늘에 운명을 맡기고 단판 승부를 내는 수밖에 없다.
지금까지의 경험법칙에서 이끌어 낸 작전 이외의 무언가를 '다른 곳에서 가지고 와서 실행하는 방법'도 시도해 볼 수 있을 것이다.

하지만 그런 시도를 해도 괜찮겠는가?

집에는 아내와 아이들이 있다. 게다가 아내는 셋째아이를 임신 중이다. 그런 상황에서 명퇴를 당하기라도 한다면 가족들이 절망의 늪에 빠지는 것은 불보듯 뻔하다.

이와 같은 상황일 때 당신은 어떻게 대처하겠는가?
이상적인 방법은 '다른 곳에서 가지고 온 무언가'가 정말로 신뢰할 수 있고 일생을 바쳐서라도 승부를 걸만한 가치가 있는 것인지를 냉정하게 판단하는 것이다. 거기서 부족한 부분을 경험법칙에서 찾아내어 보완해 나가는 것이다.

바로 이런 생각을 하는 당신에게 이 책은 그야말로 안성맞춤이다.

나는 대학을 졸업한 후 10년간 어느 회사에도 소속되지 않고 프리랜서로서 시나리오 작가 일을 해 왔다.
말하자면 영업직이나 물건을 판매하는 일과는 동떨어진 입장에 있었던 사람이다.

하지만 그런 사람이라도… 아니, 관점을 바꿔 오히려 그런 사람이었기 때문에 알아차릴 수 있었던 것이 대박을 치게 되었다고 생각한다.
내가 찾아낸 그 방법을 이론으로서 머리 속에 쏙쏙 들어 갈 수 있도록, 순서에 따라 알기 쉽게 설명하고자 한다. 누구나가 오늘부터라도 당장 사용할 수 있도록 가르쳐 주자는 것이 이 책의 의도이다.

어떤가?
현재 당신이 놓여 있는 사회적 지위를 잃을 위험성도 없고, 그저 읽기만 하는 것으로 '다른 곳에서 가지고 온' 힌트를 얻을 수 있게 될지도 모른다면….

아무튼 읽어 볼 가치는 있다고 생각하지 않는가?

CONTENTS

서론

본론에 들어가기 위한 '짧은 이야기' 5

프롤로그 1 | 필자의 본 모습 · 017

프롤로그 2 | TV홈쇼핑이란? · 023

프롤로그 3 | '한 가지 방법' 이란? · 026

프롤로그 4 | 왜 〈이야기 화법〉이어야 하는가? · 030

프롤로그 5 | '물건을 판다'는 의미의 재확인 · 033

제 1장

비전을 심기 위한 '마음열기'

마음열기의 흐름도 · 039

마음열기 준비단계 | 필요성 환기 · 040

마음열기 1단계 | 의식개혁 · 042

연습문제 ① · 052

마음열기 2단계 | 조감도 · 054

연습문제 ② · 060

마음열기 3단계 | 브랜드 각인시키기 · 062

연습문제 ③ · 068

마음열기 4단계 | 갑작스런 핵심 제시 · 070

연습문제 ④ · 076

마음열기 5단계 | 이미지 · 078

연습문제 ⑤ · 082

연습문제의 재확인 · 084

제 2장

상품에 대한 이해를 깊게 하기 위한 '취재'

취재의 흐름도 · 089

취재 준비단계 | 마음가짐 · 090

취재 1단계 | 메커니즘 조사 · 099
　　연습문제 ⑥ · 104
　　취재 2단계 | 소재 분석 · 106
　　연습문제 ⑦ · 110
　　취재 중 발생할 수 있는 문제 | 결점에 대한 대처 · 112
　　연습문제 ⑧ · 120
　　취재 3단계 | 그래프와 수치 · 122
　　연습문제 ⑨ · 128
　　연습문제의 재확인 · 131

제 3장

마지막으로 등을 떠밀기 위한 '세뇌'

　　세뇌의 흐름도 · 135
　　세뇌 준비단계 | 마지막으로 등을 떠민다는 의미 · 136
　　세뇌 1단계 | 이득간 · 141
　　연습문제 ⑩ · 146
　　세뇌 2단계 | 결과 제시 · 148
　　연습문제 ⑪ · 152
　　세뇌 3단계 | 체험 · 154
　　연습문제 ⑫ · 158
　　연습문제의 재확인 · 160

결 론

　　그리고, 놀랄만한 기법으로 · 165

부 록

　　'저반발 우레탄폼 베개' 구성표 · 173

서 론

본론으로 들어가기 위한
'짧은 이야기' 5

본론으로 들어가기 위한 '짧은 이야기' 5

프롤로그 1 |
필자의 본모습

본론으로 들어가기 전에 우선 당신이 필자인 나를 조금이나마 신뢰할 수 있도록 만들어야 할 것 같다.

아무리 속는 셈치고 읽는 사람이라고 해도 저자가 어떤 인물인지를 모른다면 틀림없는 얘기라고 해도 그 말에 설득력을 느끼지 못할 것이다. 미리부터 불신감을 품고 있을 테니까 말이다.

예를 들어 나는, 연애가 순조로워지기 위한 비결은 '상대방에 대한 절대적인 신뢰와 존경'이라고 늘 생각한다.

요컨대 상대방을 믿는 것에서부터가 시작이다. 믿으려고 하지 않으면 '소귀에 경읽기'가 될 수도 있다.

그런 이유로 잠시 나에 대해 소개하고자 한다.

나는 현재 프로필 등의 필요로 인해 누군가가 내 직함을 물으면 '멀티미디어 기획자'라고 대답한다.

얼마 전까지는 '시나리오 작가 겸 구성작가이자 무엇이든 쓰는 사람' 등으로 대답했었다. 일이 너무 여러 장르에 이르다 보니 하나로 정리하는 편이 좋겠다고 생각해서 현재의 직함에 머무르게 되었다.

원래는 중학생 때 우연히 본 가수이자 배우인 사와다 켄지 주연의 《태양을 훔친 남자》라는 한 편의 영화가 계기가 되었다. 평범한 고등학교 교사가 원자폭탄을 만들어 국가를 위협한다는 다소 황당무계한 이 액션영화에 충격을 받았다. 그 후로 나도 이런 영화를 만들고 싶다는 생각에 일본대학 예술학부 영화학과에 진학하여 영화감독의 꿈을 키우고자 했던 것이다.

그런데 영화감독이 되고싶다는 희망을 갖고 있기는 했지만 도대체 무엇을 공부해야 좋을지 알 수 없었다. 사실 영화감독이라고 하면 촬영현장에서 고래고래 고함을 지르기만 하는 사람이라는 인상만 있었으니 말이다.

프랑스 영화감독 중에 장 뤽 고다르(Jean-Luc Godard)라는 사람이 있다. 그가 영화평론가를 거쳐 감독이 되었다는 얘기를 듣고 우선 '영화평론'에 대해 배웠다.

그러다가 영화감독에게는 영화에서 대들보 역할을 하는 '시나리오'를 읽는 힘과 쓰는 힘이 없어서는 안 된다는 것을 알고 시나리오 작법을 공부했다.

여러 영화를 보고는 내강의 줄거리를 써 나가는 일을 반복했다. 그것으로 시나리오 쓰기를 어느 정도 익혔다고 생각했는데, 막상 내 자신이 직접 시나리오를 써 보았더니 도무지 수습이 되질 않는 것이었다.

쉽게 배울 수 있을 것이라고 생각했던 시나리오가 그리 만만치 않은 것임을 깨달았지만 오기가 생겨 그냥 물러 설 수는 없었다.

대학 4년이 지났지만 여전히 스스로 만족스럽지 못했던 나는, 아무데도 취직하지 않고 한 가지 결심을 했다. 오래전에 유명 영화사의 시나리오를 쓴 적이 있다는 시나리오 작가에게 연줄을 대어 내 맘대로 그의 제자가 되고자 했던 것이다.

참고로 시나리오 작가의 제자(정확하게 말하자면 보조작가)로 들어갔던 일은 내 멋대로 원해서 갔던 일이었기 때문에 기본적으로는 무급으로 일하는 것이었다.

그래서 낮에는 영화사의 홍보부서에서 아르바이트를 하면서 때때로 영화잡지에 평론을 기고하기도 하며 견디었고, 밤에는 시나리오 작가 밑에서 보조작가로 일하면서 시나리오를 배우는 나날이 계속되었다.

그런 생활이 3년 정도 지날 무렵, 스승님으로부터는 여전히 인정받지 못했지만, 마침내 내 스스로 이해하게 된 몇 가지 중요한 내용이 있었다.

> 영화는 '시간예술'이므로, 제한된 시간 안에 어떻게 하면 빈틈 없이 정보를 담아 내느냐 하는 것이 승패를 좌우한다.
>
> 이야기를 진행시키기 위해서는 관객의 감정을 뒤흔들어 흥미를 끌 수 있도록 의미있는 에피소드를 효과적으로 배치해야 한다.
>
> 오락 영화는, 영화를 본 후에 보기 전보다 관객이 조금이나마 성장했다는 기분을 느낄 수 있도록 만들어야 한다.
>
> 그리고 영화 및 한층 더 폭넓은 의미에서의 '이야기'에는 '구조'라는 것이 존재하며, 그 '구조'가 기호를 통해 제대로 배열되어 있어야만이 받아들이는 측에 강한 '구심력'을 제공한다.

이런 생각을 하게 되었을 즈음, 마침 그 무렵부터 내게도 외부에서 일이 들어오기 시작했다.
처음에는 플레이스테이션용 어드벤쳐 게임의 시나리오였다.
혹시 모르는 분을 위해 설명을 드리자면, 어드벤쳐 게임이란 문장을 읽고 선택항목을 고르면서 이야기를 연결하여 게임을 진행하는 방식으로, 이야기로 짜맞추는 퍼즐이라고 생각하면 된다.
나는 보조작가 시절에 배운 지식을 살려 영화처럼 각 에피소드에 의미를 두어 효과적으로 배치하는 구성 방식으로 그 게임 시나리오를 작성했다.
결과는 제법 성공적이었다.
그때부터 게임 시나리오 일이 계속 들어오게 되면서 나는 보조작가 꼬리표를 떼고 독립했다.

그 다음은 TV용 특수촬영 드라마의 시나리오가 기다리고 있었다. 물론 여기서도 보조작가 시절에 배운 것을 응용했다. 그 후부터는 심야드라마 등 몇 가지 영상 시나리오도 다루게 되었다.

그러다보니 어느 사이엔가 자연스럽게 어떻게 응용할 것인가에 대한 느낌을 포착하게 되었다.
그때까지 미개척 분야였던 게임의 소설화, 잡지의 기획편집,

웹 기획이나 구성 등도 모두 보조작가 시절에 배운 '구조를 잘 짜서 이야기를 전달한다'는 방법으로 극복해 나갔다.

그러던 어느 날 내게 "TV홈쇼핑의 구성을 짜주지 않겠느냐?"는 의뢰가 들어 왔던 것이다.
한밤중에 TV를 켰을 때 방송을 하고 있으면 다른 일을 하면서 살짝 보는 정도일뿐, 한 번도 차분히 앉아 제대로 본 적이 없는 TV프로그램의 구성을 과연 내가 잘 할 수 있을까하는 불안감은 있었다.
하지만 다른 한편으로는 반드시 성공시킬 수 있다는 '확신'도 있었다.

.... 프롤로그 2 |
TV 홈쇼핑이란?

먼저 TV홈쇼핑에 대해 조금 정리해 보기로 하겠다.
당신은 TV홈쇼핑이라고 하면 어떤 프로그램을 떠올리는가?

- 쇼 호스트와 함께 매장의 판매사원 또는 제조업체측의 담당자가 출현하여 한 상품을 팔기 위해 덤으로 경품까지 주면서 "그래도 이만큼이나 싼 가격에 제공합니다"라는 식의 '이익을 강조하면서 밀어붙이는 유형'.

- 앞서의 유형보다 조금 진화한 형태로서, 생방송으로 상품을 소개하고 '남은 수량 몇 개'라는 식의 재고수량이 카운트다운되거나 구매고객이 사용 소감을 말하는 전화를 연결하면서 이래도 안 사겠느냐는 식으로 직접 구매의욕을 부추기는 '실황중계 유형'.

- 가령 판매할 상품이 화장품이라면 하얀 피부를 자랑하는 탤

런트, 스포츠 용품이라면 스포츠선수 출신의 탤런트가 등장하여 사용 소감을 말하거나 상품의 장점을 설명하는 '탤런트 지상주의 유형'.

• 외국에서 방송되고 있는 프로그램을 그대로 내보내면서 유명한 만화영화에 나오는 익숙한 성우의 목소리로 상품을 소개하거나, 마치 다큐멘터리 프로그램에 나온 증언자가 자기 집 뒷산에 나타난 UFO의 목격담을 말하듯이 화면과 음성이 따로 노는 더빙처럼, 정말로 이런 말투를 하고 있을까? 의아해하면서도 끝내 보게 되는 '외국산 그대로 방송하는 유형'.

당장에 생각나는 것은 이 4가지 정도가 아닐까?
반대로 말하면 이와는 다른 유형을 보는 경우가 드물 것이다.
참고로 이들 프로그램에는 구성과 진행, 그에 맞춘 대사가 쓰여 있는 '대본'이 존재한다.
구성작가가 그 '대본'을 쓰는 것이다.
"의외다!"라고 생각하는 사람도 있을지 모르겠지만, 오락 프로그램이나 코미디 프로그램에조차 대본이 있다. 장르에 따라서 부르는 방법이 다를 뿐 대본, 시나리오, 각본은 같은 것을 지칭하는 말이라고 생각하면 된다.
다소 정도의 차이는 있겠지만 대체로 진행을 위한 '대사'와 상황이 묘사된 '지문'으로 이루어진다.

그렇지 않으면 시간 안에 딱 맞아 떨어지게 할 수 없으니까 말이다. 내게 의뢰가 들어 왔던 것은 '구성대본'을 쓰는 일이었다. 그런데 내게 의뢰를 한 고객은 앞서 말한 4가지 유형의 어느 것도 쓰고 싶지 않다는 생각을 가지고 있었다.

"상품에 대해서는 절대적으로 자신이 있습니다. 물건이 좋으면 아무리 비싸도 팔리게 마련입니다"라고 하면서 상품 담당자는 내게 자신만만하게 말했다.
그렇지만 그것은 앞서 말한 4가지 유형을 사용하여 소개하는 상품이라고 해도 마찬가지일 것이다.
30분짜리 TV홈쇼핑 프로그램을 만들기 위해서는 최소 3,000만 원 정도의 비용이 든다.
방송에 드는 비용 등을 생각하면, 잘 팔릴 것이라는 자신감도 없고 좋지도 않은 별 볼일 없는 상품에 그런 큰 비용을 들일 리가 있겠는가.

이런 푸념을 해봤댔자 아무런 소용이 없다.
어차피 그 일을 맡을 것이라면 고객은 왕이나 다름없다. '왕의 명령은 절대적!' 인 것이다.
그래서 나는 드라마나 이야기와는 별로 관계 없는 TV홈쇼핑이지만 지금까지 키워 온 구조이론을 응용한 '한 가지 방법'을 쓰고 싶다는 제안을 하게 되었던 것이다.

.... 프롤로그 3 |
'한 가지 방법' 이란?

그래서 나는 앞에서 밝힌 대로, 시나리오 작가 밑에서 보조작가 생활을 한지 3년만에 드디어 깨닫게 된 영화 시나리오를 만들 때의 4가지 중요한 사실을 TV홈쇼핑 프로그램의 구성에 응용하기로 생각했다.

> 영화는 '시간예술'로서, 제한된 시간 안에서 어떻게 하면 빈틈 없이 정보를 담아 내느냐 하는 것이 승패를 좌우한다.

TV홈쇼핑에도 시간제한이 있다.
얼핏 생각하면 지루하게 질질 끌면서 방송을 내보내는 것처럼 보이지만, 사실은 정확하게 시간배분이 되어 있으며, 대체로 30분 동안에 한 가지 상품을 소개하는 구성으로 이루어져 있다.
또한 방송 중간에서부터 보아도 그 상품을 사고 싶어지도록 하기 위해, 엿가락처럼 어느 부분에서 자르든지 맛이 있는 상품소개를 볼 수 있도록 만들어져 있다.
그렇다면 간단하다.
TV홈쇼핑이라는 프로그램도 30분간이라는 제한된 시간 속에서 전개되어야 하는 '시간 예술'인 것이다.
그 시간 안에서 한 치의 빈틈도 없이 정보를 담아내는 것이 승패를 좌우한다는 점은 영화나 다를 바 없다고 생각했다.

이야기를 진행시키기 위해서는 관객의 감정을 뒤흔들어 흥미를 끌 수 있도록 이미있는 에피소드를 효과적으로 배치해야 한다.

30분 동안에 하나의 상품을 소개하는 프로그램이라고 했을 때, 카메라가 계속 같은 방향에서 그 상품을 쫓아간다면 아마도 보는 사람의 입장에서는 지겨워질 것이다.
시점을 바꿔… 적어도 앞, 옆, 뒤의 3곳에서 다가가야 한다고 생각했다.

오락 영화는, 영화를 본 후에 보기 전보다 관객이 조금이나마 성장했다는 기분을 느낄 수 있도록 만들어야 한다.

'즐길 수 있도록 만든다'와 '성장시킨다'는 생각을 구현한다. 보는 사람이 즐거워지도록 하면서 또한 보기 전과 본 후를 비교했을 때 조금이나마 성장했다는 느낌을 갖도록 하는 것은 TV홈쇼핑 프로그램에서도 충분히 가능한 일이다.

> 그리고 영화와 한층 더 폭넓은 의미에서의 '이야기'에는 '구조'라는 것이 존재하며, 그 '구조'가 기호를 통해 제대로 배열되어 있어야만이 받아들이는 측에 강한 '구심력'을 제공한다는 기본 원칙.

이것은 전체의 생각으로서 공통적일 것이다.
TV홈쇼핑 프로그램에도 그런 영화와 같은 '구조'가 있을 것이고, 그것이 딱 들어맞았을 때에는 단조롭게 설명하는 것보다도 훨씬 더 강한 '호소력'을 발휘하지 않을까 하는 생각을 갖게 되었다.

그리고 나는 내 생각을 정리하여 "〈이야기 화법〉으로 구매의욕을 불러일으킨다!"는 캐치프레이즈를 내건 기획서를 만들어 제출했다. 그 결과 일을 맡긴 고객은 단번에 오케이했으며 "꼭 보고 싶으니 당장 시작해 달라"고 했다.

이렇게 해서 나는 내가 직접 만든 〈이야기 화법〉을 활용하여 미개척 장르인 TV홈쇼핑 프로그램 구성에 착수하게 된 것이다.

그 결과 지금까지는 없었던 형태의 프로그램이 만들어지게 되었는데, 예를 들어 하나에 50만 원이 넘는 골프클럽을 상품으로 방송했을 때는 순식간에 1만 건이나 되는 주문이 쇄도하여 50억 원 이상의 매출을 달성했다. 그 회사의 TV홈쇼핑 시리즈 가운데 처음으로 준비했던 상품이 최단기간에 품절되는 판매기록을 세웠다.
그 후 한 개에 15만 원하는 '저반발 우레탄폼 베개'를 취급했을 때도 불과 몇 주만에 3만 개에 가까운 주문이 있었다.
TV홈쇼핑에서는 아무리 값싼 상품이라고 해도 1만 개를 파는 것이 그리 쉬운 일이 아니다.
게다가 내가 담당했던 50만 원짜리 골프클럽이나 15만 원짜리 저반발 우레탄폼 베개는 이런 종류의 제품 가운데서도 상당히 고가의 상품이다.
하지만 〈이야기 화법〉을 이용함으로써 상당한 매출을 기록할 수가 있었던 것이다.

프롤로그 4 |
왜 〈이야기 화법〉이어야 하는가?

그런데 당신은 왜 하필 〈이야기 화법〉이냐?
거절할 수 없는 일이라서 자포자기하는 심정으로 그런 것을 제시한 것 아니냐?
성공을 한 것도 그저 운이 따랐기 때문이 아니냐?
…하고 의문을 품을지도 모르겠다.

대답은 '아니오'이다.

"이런 식으로 구성을 하면 반드시 대박을 칠 것이다!"는 자신감이 있었기 때문이다.

왜냐하면 나는 대학시절부터 시나리오 작가 밑에서 보조작가로 일하던 때까지 책, 연극, 영화 등 폭넓은 장르의 '이야기'를 무수히 많이 보아 왔고, 게다가 그 '이야기'가 성립하는 역사나 사회적인 상황에서도 이론을 세워 고찰해 왔다.

그렇게 해서 도달한 결론은 '인간은 근원적으로 이야기를 원한다'는 것이다.

한 예로 이미 1천여 년 전부터 소설이 있었다는 것만 보아도 사람들이 얼마나 이야기를 원하고 있는지 알 수 있다.
구전으로 이어온 각국의 신화는 그 보다 훨씬 이전부터 존재했다고 여겨지고 있다.
그리고 예로부터 오늘에 이르기까지 단 한 번도 쇠퇴한 적 없이 '이야기'가 우리 생활 속에 깊게 뿌리를 내리고 있다는 사실은, '인간은 근원적으로 이야기를 원한다'는 확실한 증거라고 생각했다.
그러므로 그처럼 만인에게 사랑을 받고 있는 '이야기'라는 '도구'를 사용하지 않는다는 것은 바보같은 일이 아닐 수 없다는 생각이다.

'이야기'는 보통 '기승전결(起承轉結)'이라는 4부구성으로 이루어진다. 그런데 나는 TV홈쇼핑 프로그램 안에서는 굳이 3부구성을 쓰기로 했다.
3부구성이 유효할 것으로 생각한 이유에 대해서는 이 책을 읽어내려가는 동안 눈치가 빠른 당신이라면 서서히 이해를 하고 빙긋 웃게 될 것이다.

2시간짜리 서스펜스 드라마를 보면서 도중에 범인을 맞추지 못하는 당신을 위해서는 마지막에 어김없이 나오는 '절벽 위에서의 고백' 장면처럼 증거폭로를 포함한 해설을 해두었으므로 걱정하지 말고 끝까지 읽어주기 바란다.

프롤로그 5
'물건을 판다'는 의미의 재확인

거듭 말하지만 이 책의 주제는 '어떻게 팔 것이냐 하는 방법을 전달하는 것'이다.

TV홈쇼핑에 대한 얘기는 그 방법을 보다 구체적이고 알기 쉽게 전달하기 위한 소재일 뿐이다.

"영업에 전혀 상관도 없는 얘기를 지겹게 하고 있네"라고 생각하는 당신! 처음에 미리 말해 두었다.
일단은 나를 믿어 달라고….

지금 이 글은 '머리말'에 해당하는 장이다.
여기서 말하는 '머리말'의 의미는 '본론에 들어가기 전에 하는 이야기로서, 얼핏 생각하기에 소재에 대해 에둘러 말하는 것 같아도 사실은 전체적인 내용의 이해를 도우면서 그 자리의 분위기를 부드럽게 하는 글'이라는 의미가 있다.

다시말해 지금 이 글이 그런 의미를 가지고 있다는 것이다.
그만큼 말을 했는데도 "뭐야? 번거롭게 빙빙 둘러 말하지말고 정곡을 찔러 한마디로 말해 보라고!"라고 말하는 성급한 당신!
그런 당신을 위해 미리 '범인'도 특별히 가르쳐 드리겠다.

'범인'은…

> '다른 사람에게 물건을 사게 만드는 것은 이야기로 다른 사람을 감동시키는 것과 같다.'

즉 이것이 이 책의 최종적인 결론이다.

이제 '범인'은 밝혀졌다.
하지만 사건은 여전히 미해결 상태다. 수사 과정이나 동기나 증거품, 어떻게 해서 그 '범인'을 궁지로 몰아넣었는지를 알고싶다면 그저 묵묵히 계속 읽어나가길 바란다.

다음 장부터는 각 단계에 따라 '연습문제'를 준비했다.
이 연습문제에 자신이 하는 일을 대입시켜 정리해 나가다 보면 순식간에 이 책은 워크숍에 참가한 것과 같은 효과를 얻게 될 것이다.
그리고 마지막까지 다 읽을 즈음에는 그 놀라운 기법이 정확한 이론과 더불어 당신 안에 단단하게 자리잡고 있을 것이다.

자~. 이제
매혹적인 〈이야기 화법〉의 세계로 당신을 초대한다!

제1장

비전을 심기 위한 '마음열기'

"아주 자연스럽게 '어쩌면 필요할 것 같은데…' 하는
마음을 갖게 끔 해 주는 것이
이 제 1장에서 다룰 '마음열기' 이다"

마음열기의 흐름도

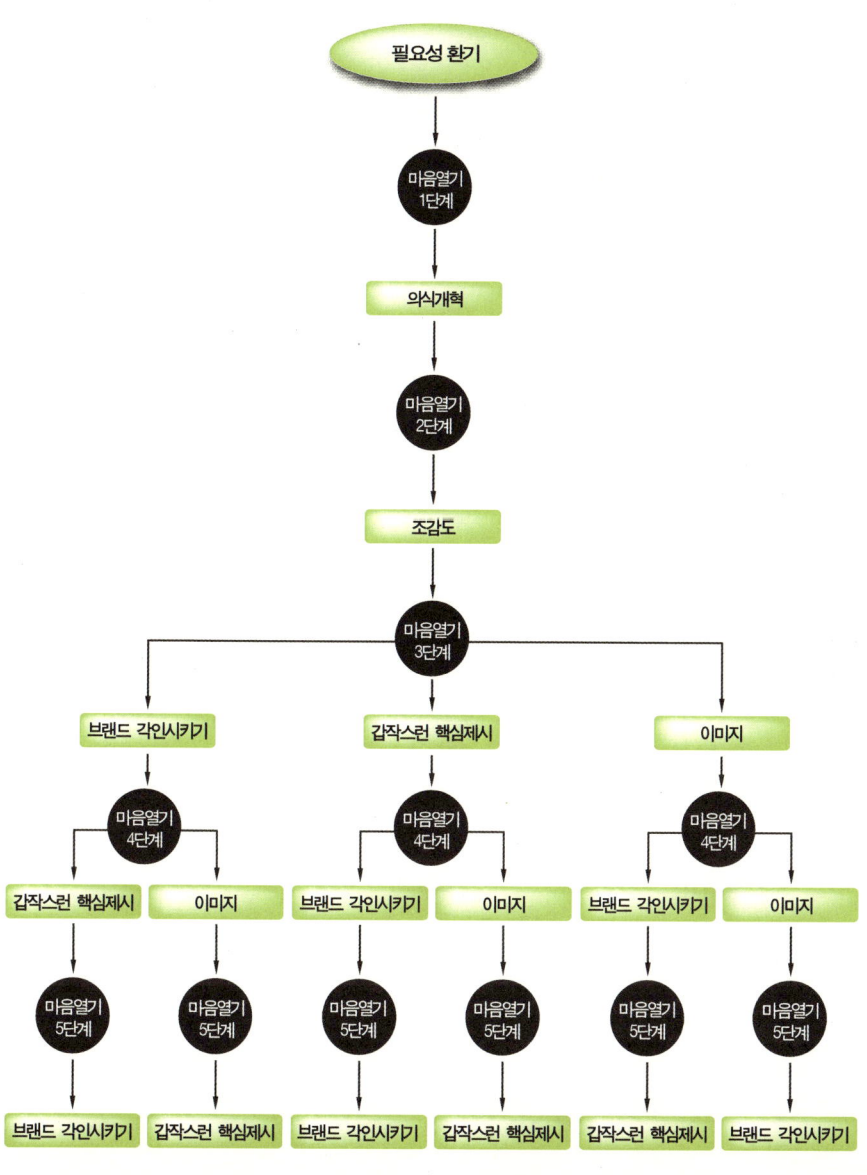

비전을 심기 위한 '마음열기'

마음열기 준비단계 |
필요성 환기

원래부터 자신의 의사로 구입하려고 생각했던 상품의 경우는 방송을 보지 않더라도 스스로 정보를 모아 구입한다.

그러므로 TV홈쇼핑 방송을 보고 구입해야겠다고 생각하게 된 상품의 경우는 방송을 보기 전에는 아무래도 시청자들 입장에서 당장 필요하다는 의식이 없었던 상품이라고 말할 수 있다.

그것은 통상적인 영업으로 상품을 파는 경우에도 마찬가지다. 극단적인 표현을 하자면 누가 뭐라 말하지 않아도 소비자가 사야만 하는 상품에는 그다지 영업력이 필요없을 것이다.
생각해 보면 대히트 상품 중에는 '어쩌면 그거 필요할지도 모르겠다'는 생각이 들도록 하는 상품이 의외로 많다.
바꿔 말하면 얼마만큼 고객에게 그런 생각이 들도록 할 수 있느냐가 성공의 열쇠인 것이다.

즉 아주 자연스럽게 '어쩌면 필요할 것 같은데…' 하는 마음을 갖게끔 해 주는 것이 이 제 1장에서 다룰 '마음열기'이다.

'영업을 해서 물건을 파는 행위'를 '이야기'로 바꿔서 생각을 해 보면, 이 부분은 기승전결의 '기(起, 첫머리)'에 해당한다.

흐름도에 따라 행동으로 옮겨 나가는 것이 중요하다.
항상 39쪽의 흐름도를 머리 속에 그리면서 다음에 나오는 5단계를 실천해 보기 바란다.

.... 마음열기 1단계 |
의식개혁

의식개혁은 우선 영업기법의 첫 번째 덕목으로 삼지 않으면 안 된다.

'의식개혁'이란 무엇인가?
그것은 그야말로 고객의 의식 속에 전혀 없었던 상품에 대해 "어쩌면 필요할 것 같은데…"하는 생각이 들도록 만드는 행위이다.

TV홈쇼핑을 예로 들어 보자.
가령, 실제로 내가 프로그램에서 취급했던 '저반발 우레탄폼 베개'를 가지고 알아보자. 미리 말해 두지만 서론에서 언급한 5가지의 '짧은 이야기'와는 전혀 별개의 문제이다.

'저반발 우레탄폼 베개'는 최근 5년 사이에 급속하게 붐을 일으킨 것으로 머리와 목이 지나치게 아래로 가라앉지 않도록 받쳐주는 편안함으로 인기를 누리고 있는 상품이다.
템퍼(Tempur)라는 브랜드가 시장점유율 1위를 차지하고 있는 상황이었다. 하나에 10만 원이나 하는 제품들도 시장에 많이 나와 있는 가운데 대형할인점 등에서는 1만 원을 밑도는 저가의 제품까지 폭넓게 판매되고 있는 대중적인 상품이다.

이제 상품의 개요에 대해서는 이쯤에서 끝내기로 하고 '의식개혁'에 대한 주제로 넘어가자.
여기서 왜 하필 '저반발 우렌탄폼 베개'를 예로 들었느냐가 문제가 된다.
대답은 간단하다. 그것은 무엇보다도 가장 필요성이 없어 보이는 물건이기 때문이다.

'필요성이 없다'고 해서 이런 종류의 베개를 소비자가 사용하고 싶어하지 않는다는 얘기는 아니다.
'베개'라는 말에서 '갖고 싶다'는 욕구가 생겨나지 않는다는 말이다.
공짜라면 얘기는 달라질지도 모르겠다. 하지만 얼마간의 금전을 지불해야 한다고 할 때 베개만큼 가치를 따지지 않을 물건도 없을 것이다.

어째서일까?

그 이유는, 베개는 어느 집에나 있는 것이고 누구나가 100%라고 해도 좋을 정도로 이미 자기만의 베개를 가지고 있기 때문이다.

어렸을 적 학교에서 집으로 돌아오는 길에 들른 문방구에, 새로 들어온 필통을 발견하고는 집으로 돌아가 어머니께 사달라고 졸랐을 때.
어머니가 "이 녀석이! 지금 쓰고 있는 필통이 있잖아" 하면서 조금도 생각해 보지 않고 꾸지람을 하시던 기억이 비슷하게나마 있을 것이다.

즉 '의식의 바깥'에 있는 것이다.
그 필통이 아무리 모양이 좋고 기능적이며 필통 끝에 연필깎이까지 달린 굉장한 것이라고 해도 어머니는 그런 것에는 귀도 기울이지 않는다.
"학교에 들어갈 때 사 준 게 있잖니."
그 한마디로 끝이다. 그리고는 더 이상 얘기를 들어주려 하지 않는다.

그런 어머니가 내 얘기에 귀를 기울이도록 하는 것,
즉 '의식의 안'으로 넣어 주는 것,
이것이 바로 '의식개혁'이다.

그렇다면 어떻게 하면 될까?
당신의 어머니는 어떻게 하면 그 필통의 장점과, 당신에게 필요한 물건이라는 점을 이해하게 될까?
해답은 어려운 듯 하면서도 의외로 간단하다.

> '의식을 끌어당기는' 말을 처음에 던져두는 것이다.

"지금 쓰고 있는 필통은요, 연필에 뚜껑을 끼우지 않고 넣어두면 걸을 때 가방이 흔들려서 툭하면 심이 부러지고 말아요."
예를 들면 이렇게 말하는 것이다.

그리고는 새로운 필통에는 연필이 부딪혀도 심이 부러지지 않도록 윗부분에 스폰지가 붙어 있다고 얘기를 하면 전혀 귀를 기울이지 않던 어머니의 반응도 조금은 달라지게 된다.
"어머나, 그러니? 심이 부러지지 않는 필통이 있단 말야? 그런 건 생각도 못해 봤는데."

어머니가 그런 생각을 하도록 만들었다면 첫 번째 관문은 통과다. 필통에 대해 어머니도 조금은 관심을 갖기 시작했다는 증거니까 말이다.

필통을 사 줄지도 모르는 대상자의 한 사람이 된 셈이다.

"무슨 말같지도 않은 어린 애들 얘기를 하고 있느냐"고 하는 당신!
어린 시절을 예로 든 것은 의미가 있어서이다.
모든 것에 응용할 수 있다는 것을 말하기 위해서다.

내가 지금부터 설명해 나가는 것은, 하나하나 이론을 세워 이해함으로써 무엇에든 응용이 가능하다는 것을 아무쪼록 믿어주기 바란다.

그럼 이제 자꾸 서두르는 당신을 위해서라도 앞서 언급했던 '저반발 우레탄폼 베개'의 예로 되돌아가기로 하자.

내가 실제로 TV홈쇼핑 방송 안에서 '의식개혁'이라는 '마음 열기'를 어떻게 실천했는지에 대해 설명하겠다.
우선 몇몇 사람이 아주 편안하게 잠든 장면을 잇달아 영상으로 보여준 후에 이렇게 물었다.

"당신은 정말로 편안히 주무시고 계십니까?"

이것이 의식개혁이다.

게다가 '베개'라는 단어를 사용하지 않으면서 상대방에게 '베개'를 인식시키는 가장 효과적인 방법이다.

"고객은 왕이다"라는 말이 있듯이 고객은 까다롭고 또한 제멋대로다.
'베개' 하나를 팔기위해 처음부터 끝까지 "베개, 베개"라는 말만 입에 담는다면 혐오감을 가질지도 모른다.
"사라, 사라"는 말을 계속 들으면 심술꾸러기 마냥 "내가 왜 그걸 사야 하는데?"라고 생각할 것이고, "싸다, 싸다"라는 얘기에는 무슨 속임수라도 있는 게 아닐까 하고 의심스러워 할지 모른다. 그러므로 직접적이지 않은 방법으로 그 상품을 확실하게 인식시키는 것이 가장 바람직하다.

'잠'이라는 표현으로 '베개'를 인식시킨다는 것은 단어만 바꿨을 뿐 마찬가지 아니냐고 생각할지도 모르지만 엄연히 다르다.

그렇다면 만약,
"당신은 지금 사용하시는 베개에 만족하고 계십니까?"
라고 했을 때의 느낌은 어떠한가?

물론 사람에 따라 다르겠지만, "내 베개를 당신이 언제 본 적

있어?"라는 생각을 하는 사람도 있을 수 있다.

고객이 현재 사용하고 있는 것을 직접적으로 부정해 버리는 것은 자신에 대한 도전으로 받아들여져 오히려 적의를 품게 하기 때문에 주의해야 한다.

참고로 이 '의식개혁'은 나의 〈이야기 화법〉에서 '안티테제(반정립)'에 해당하는 부분이다.

말하자면 첫머리에서 "당신은 정말로 편안히 주무시고 계십니까? 당연히 편히 주무시고 계시겠지요"라며, 아무렇지 않게 슬쩍 반대의 의견(안티테제)을 제시해 두고, "아냐, 그러고보니 그다지 편히 자지 못하고 있다는 생각이 들기도 하는 걸"이라는 사고를 이끌어 내기 위한 장치이다.

이러한 기법의 구조를 충분히 인식한 후 사용하기 바란다.

예제

당신이 팔아야 할 상품이 가령 '매달리기 건강기구' 라고 하자.

이 '매달리기 건강기구'를 직접적인 말투를 가급적 피하면서 상대방에게 강하게 인식시키기 위해서는 어떤 방법이 좋을까? 아래 빈 칸에 직접 적어보기 바란다.

해법

우선 상품의 '효과'를 생각한다.
'매달리기 건강기구'의 효과는 매달려서 기지개를 켬으로써 '어깨결림 완화', '요통방지'에 있다.
그리고 다음은 상품의 '비주얼 이미지'를 생각한다. 그리 어렵게 생각할 필요는 없다. 요컨대, 핵심은 그 상품을 사용하고 있는 모습이 어떠냐 하는 것이다. '매달리기 건강기구'의 비주얼 이미지는 '매달려서 기지개를 켠다'이다.
나머지는 이 2가지를 조합하여 생각하면 된다.
가능한 한 그 말을 직접 사용하지 않고 강하게 어필할 수 있는 방법을 생각해 보자.

해답

예 "매일같이 반복되는 사무실 업무로 자신의 등이 점점 굽어가고 있다고 느껴 본 적은 없습니까? 문득 하루에 몇 번씩이고 기지개를 켜고 있는 자신을 발견하는 경우는 없나요?"

예로 든 해답은 상급자용 답이라고 할 수 있겠다. '어깨결림'과 '요통'이라는 말을 사용하고 있지 않는데도 해답예를 들으면 틀림없이 누구나가 '어깨결림'이나 '요통'을 떠올릴 것이다. 처음에는 '어깨결림'이나 '요통'이라는 단어를 사용해도 괜찮다.

여기서는 가벼운 몸풀기라고 생각하고 예제를 들어 생각의 방법을 순서에 따라 설명했다.
한편으로 예제의 사고방식은 지금까지 본문 안에 쓰여 있는 얘기의 반복이라는 점도 이해했을 것이라고 생각한다. 이 예제에서의 사고방식을 충분히 이해한 후 다음의 연습문제로 넘어가 보자.

EXERCISE

연습문제 .... ONE

당신이 팔아야할 상품은 무엇인가?

그 상품을, 직접적인 설명을 가급적 피하면서 상대방에게 강하게 인식시키는 방법을 생각해 보자.

또한 그 방법은 상대방의 지금까지의 '의식'을 확실하게 '개혁' 시킬 수 있는 것인가?

한차례 스스로 검증을 해 본 후에 틀림이 없다면 노트에 적어 두자.

NOTE

당신은 정말 편안히 주무시고 계십니까?

베개가 좋아야지….

마음열기 2단계 |
조감도

39쪽의 흐름도에서 알 수 있듯이 여기까지는 순서대로 진행한다. 처음에 고객의 의식을 개혁시키고, 그 다음에 이 단계를 실천해야 한다.

그렇다면…
'조감도' 란 무엇인가?

상상해 보자.
세계적인 관광지로 유명한 알프스 산 가까이에 객실 수도 많고 온천과 이벤트공간도 풍부한 10층짜리 거대 리조트 호텔이 있다고 하자.

그 호텔에는 하루동안에 다 돌아볼 수 없을 정도로 많은 시설이 있다는 것이 특징이다. 당신은 먼저 넓은 온천에 놀랄 것이고, 수영장, 볼링장, 카지노, 미니골프장, 게다가 당연한 듯 탁

구장까지 갖추어져 있는 호텔의 거대함에 그저 압도당할 것이다. 그 다음은 또 무엇이 있을까 하는 생각만으로도 가슴이 두근두근거린다.

하지만 이런 느낌을 갖는 것도 그 호텔에 여름 휴가로 놀러 왔을 때나 해당되는 얘기다. 만일 회사의 명령으로 그 호텔 안에 감춰진 보물을 모두 찾아내어야 한다는 것이면 어떻겠는가? "지금 무슨 게임을 하는 것도 아니고, 전혀 현실감도 없는 엉뚱한 얘기를 하고 있어?"라고 생각하는 사람은, 전기설비회사직원으로서 그 호텔 안의 모든 콘센트에 누전이 없는지를 조사해야 하는 경우로 바꾸어 생각한다면 현실감이 느껴질 것이다.
아무튼 그런 경우 당신은 이 호텔 전체의 전기계통 상황이 궁금해질 것임에 틀림없다.
그때… 당신이 소인국에 다다른 걸리버나 신밧드의 모험에 나오는 거인이라면 어떨까? 한걸음에 가까운 산에라도 올라가 이 호텔의 지붕을 통째로 열어 보고 싶어지지 않을까?

이것은 지극히 만화적인 상상이다.
도저히 쉽게 이해가 되지 않는다고 하는 사람은 지붕이 모두 투명하다고 생각해 보아라. 그리고 산 정상에서 망원경으로 내려다본다면 모든 것이 손바닥 보듯 훤할 것이다. 어떤가…?

보고 싶어지지 않겠는가?

그런 모습을 머리 속에 그려보기 바란다.
그것이 바로 '조감도'이다.

'조감도'란, 말하자면 고객에게 팔아야할 상품의 전체적인 모습을 훤히 꿰뚫고 있는 모습이다.

영화의 도시 헐리우드에서는 하나의 시나리오를 영화화하느냐 마느냐를 결정하기 위해 그 이야기가 한마디로 사람의 흥미를 끌어당기는 이야기로서 전해지느냐 어떠냐가 매우 중요하다고 한다.
아마도 이 책을 읽는 사람 중에 모르는 사람은 없을테지만, 스티븐 스필버그 감독의 흥행작 《E.T.》를 예로 들어보기로 하겠다.
당신도 본 적이 있을 그 영화의 줄거리를 '한마디'로, 한마디라는 표현이 이해가 안 된다면 '한 문장'으로 말해 보기 바란다.

어떤가? 말할 수 있었는가?

그럼 이제 내 나름대로 《E.T.》의 스토리를 한마디로 표현해 보자면….
"한 소년이 우주선에 미처 오르지 못한 다른 별에서 온 외계인을 발견하고는 그가 무사히 도망칠 수 있도록 도와준다는 이야기."
이것이 《E.T.》 이야기의 골자이며, 이것만으로 작품의 전체 모습을 훤히 알 수가 있다.

당신이 팔아야할 상품의 경우에도 상품의 전체 모습을 고객에게 제시해 주는 것이다.

왜 제시해야 하는가?

그 이유는 앞으로 진행해 나가야 할 여러 가지 세일즈 화법에 걸려들게 하기 위한 토대가 되는 한 줄의 선을 마지막까지 긋는 것이라고 생각하기 바란다.
'걸려들게 한다'고 해서 '속인다'는 의미는 아니다.
세탁물을 너는 '빨랫줄'과 같은 의미로 여기서는 사용하고 있는 것이다.

돈을 지불하고 상품을 산다는 행위는 경제적으로 그만큼 마이너스가 되는 일이기 때문에 고객의 입장에서는 판매자측에서 생각하는 것 이상으로 위험부담이 큰 일이다.

그런 리스크에 대한 고객의 '경계심'을 가능한 한 빨리 없애도록 하기 위해 상품의 전체적인 모습을 보여줘야 하는 것이라고 생각하자.

만일 그래도 이론적으로 그 필요성이 이해되지 않는 경우는 반대의 경우를 생각해 보자.

예를 들면 '캐치세일즈(catch sales)'이다.
캐치세일즈는 십중팔구 고객이 걸려들 때까지 기다린다거나 하는 방식을 완전히 무시하여 전개시키므로 이 글에 대한 반면교사의 예로서 제시하기에 적절하다고 생각한다.

"축하합니다. 당신은 만 명 중 행운의 주인공으로 뽑혔습니다."
가령 이런 식으로 말을 꺼내 "당신에게는 이런 저런 좋은 일이 기다리고 있습니다"며 여러 가지 특전에 대해 장황하게 얘기하기 시작한다.
그렇구나… 해외여행을 아주 싼 가격에 갈 수 있다고! 호텔도 80%나 할인받을 수 있다니! 영어회화도 무료! 우와~ 난 정말 운이 좋은가봐라며 공상에 빠져 있노라면 마지막의 마지막에 가서 얘기는 뻔한 결론으로 이어진다.
"이 회원권을 지금 당장 구입하신다면 단돈 천만 원에 당신의 것이 될 수 있습니다."

"뭐야 도대체? 그럼 그렇지." 이것이 흔한 캐치세일즈의 패턴인데… 냉정하게 생각한다면 저런 수법에는 넘어가지 않을 것이라고 생각할 것이다.

그것은 '경계심'이 작용하고 있기 때문이다.
다시말해 처음부터 "리조트 회원권인데요."라며 얘기를 꺼냈다면 듣는 사람은 매우 편안한 마음으로 얘기를 들을 수 있는 것이다.
'음~ 리조트 회원권이라고…, 그렇다면 어느 정도의 비용은 들겠는 걸' 하고 마음의 준비를 하고 상대방의 얘기를 들을 것이다.
오히려 그처럼 미리 얘기를 하는 편이 그 회원권을 사려는 사람이 나타날 가능성이 있다.
아니, 그렇게 하더라도 좀처럼 나타나지 않겠지만….
먼저 전체적인 모습을 말해버리면 헛점이 바로 드러나고 마는 것이 상품의 신뢰성이 없는 캐치세일즈의 단점이기도 하니까 말이다.

자, 반면교사에 대한 예가 잘 전달이 되었는가?
캐치세일즈에 따라다니는 '수상쩍은 냄새'를 느끼지 못하도록 하면서 상품의 신뢰성을 어필하기 위해서라도 고객의 '경계심'을 풀어주어야 할 '조감도'를 보여줄 필요가 있다.

EXERCISE

연습문제 ········· TWO

당신이 팔아야 할 상품은 한마디로 말해 어떤 것인가?
고객이 그 상품을 정확하게 파악할 수 있도록 간략하게
표현하여 보아라.
그리고 가까운 사람에게 한번 말해보기 바란다.
그 누군가는 당신의 그 말 '한마디'로 상품에 대해 매력
을 느낀다고 생각하는가?
매력까지는 아니라고 해도 흥미를 보였는가?
그렇다면 그 '한마디'를 노트에 적어 두자.

NOTE

마음열기 3단계 |
브랜드 각인시키기

앞서 서술한 1, 2단계를 순서대로 실현했다면 그 시점에서 고객의 경계심은 처음보다 상당히 가벼워졌을 것이다.
그리고 약간의 흥미를 가지게 되었을지도 모른다.

이 〈마음열기 3단계〉에서 〈마음열기 5단계〉까지는 병렬적이다.
어떤 순서에 따라 진행해야 한다는 특별한 규칙은 없다.
상품에 따라, 상황에 따라 순서를 자기 나름대로 바꾸어 설명하는 판단력도 필요할지 모른다.

자 이제 본론으로 들어가자.

이 단계는 '브랜드를 고객에게 확고하게 각인시키기 위한 장'이다.

그렇다고 구찌나 루이비통, 까르띠에 같은 고급 브랜드를 "꿩

장히 좋은 것입니다"라고 전달하라는 얘기가 아니다.
오히려 그런 유명 브랜드라면 이름만 말해도 고객 쪽에서 그 전체적인 느낌에서 역사에 이르기까지 쉽게 상상할 수 있으므로 이 과정은 필요없게 된다.

하지만 대부분 상품의 경우 브랜드 이름이나 제품의 이름을 듣는 것 만으로 그 상품의 배경을 고객이 한 순간에 머리에 그리는 것은 쉽지 않다.

여기서 말하는 '브랜드'라는 표현은 어디까지나 상징적으로 사용하고 있는 것으로서, 실제로 브랜드 이름과 역사를 전달하는 것은 어디까지나 단서에 지나지 않는다.
진정한 목적은 정보로서 '상품의 출처를 분명히 한다'는 점에 있다.

TV홈쇼핑의 예를 들어보자.
예를 들어 골프클럽.
하나에 50만 원 이상이나 하는 '메탈우드'라는 상품이 있다고 가정하자.
그 메탈우드는 ○○사라는 미국의 브랜드 제품이다.
나는 실제로 TV홈쇼핑 프로그램 속에서 이렇게 설명했다.

"○○사는 지금으로부터 40년 전에 조그만 수리공방에서 창업. 창업당시부터 '마무리가 깔끔하고 나무소재를 살린 가구와 같은 아름다움'을 지닌 클럽으로서 골퍼들 사이에서 높은 평가를 획득. 그 평가는 순식간에 프로선수에게로까지 확산되어 많은 골퍼가 ○○사의 클럽을 손에 넣기 위해 공방을 찾게 되었다…."

이렇게 도입부를 시작하여 브랜드를 설명해 나갔다.
대체로 이미지가 떠오를 것이라고 생각하지 않는가?
골프클럽을, '가구처럼 소재의 아름다움을 고집해 만들어 온 회사'라는 이미지는 이제 당신의 머리 속에도 확실하게 들어왔을 것이다.
이런 식으로 시작한 이유는 역시 '의외성'이 있기 때문이다.

그 다음에 이렇게 이어간다.

"…게다가 ○○사는 아름다움을 추구할 뿐만 아니라, '골프를 즐길 수 있는 클럽'을 개발하기 위해 노력하여 타사보다 먼저 페이스면에 적절한 굴곡을 주고 헤드플레이트에 두꺼운 플라스틱플레이트를 채용하여 저중심화를 실현. 이로 인해 타격감각이 훨씬 향상되어 점차 다수의 프로 선수들로부터 높은 지지를 받기 시작했다…."

계속되는 이런 해설은 이미 시청자가 예상한 전개였을 것이라고 생각한다.

골프클럽을 판매하는 이상 '비거리가 나오는 클럽'이라는 것을 강조해서 파는 것은 당연하니까 말이다.
그래서 도입부는 굳이 시청자가 예상하지 못했던 곳에서 들어가는 방법을 고집했던 것이다.
시청자가 "어~, 뭐야?!"라는 생각을 갖도록 하여 의식을 끌어당기는 사이에 브랜드에 대한 설명을 '정보'로써 제공한다.

바로 여기가 개개인의 구성 감각이 나타나는 부분이다.

당신에게 이것을 그대로 따라하라고 강요하는 것은 아니다. 다만 표현 방법이 아주 당연한 것밖에 떠오르지 않는 경우에는 이와 같은 도입 방법을 참고로 삼는 것도 좋을 것이라고 생각한다.

예를 들면 이것을 '이야기'로 바꿔 생각해보자.

지금으로부터 20여 년 전에 개봉된 《W의 비극》이라는 영화의 감독인 사와이 신이치로는 다음과 같이 말한다.
"한 편의 시나리오를 만들기 위해서는 주인공에 관한 노트 한

권 분량의 이력서를 쓰지 않으면 안 된다."
다시 말해 그러한 배경을 제공해 주지 않으면 이야기 속에서 주인공은 자유롭게 현실에 존재하는 듯한 인간으로서 움직이지 못할 것이다.

《W의 비극》의 주인공은 '여배우를 꿈꾸는 연극 소녀임에도 불구하고 표현의 기본이 되는 연애경험도 섹스경험도 없다'는 설정이었다.

어떤가?

비거리를 내기 위한 클럽인데 가구와 같은 아름다움을 고집했던 생산업체라는 표현과 어딘가 가깝게 느껴지지 않는가?
나름대로 계산이 깔린 나의 이야기 방식은, 그냥 지나치지 못하도록 하기 위한 '걸림돌'로서는, 유효한 수단이라고 생각한다.

이처럼 영업에서도 그대로 응용할 수 있다는 것을 알 수 있다.

그것은 상품의 장점을 고객이 직접 확인할 수 있도록 하기 위한 배경이 되는 '브랜드'를 '정보'로 제공해 주지는 것이다.

좀 더 쉽게 설명하자면 고객은 '브랜드를 확고하게 인지(=상품정보)'함으로써 정보를 통해 자기 스스로가 상품의 장점을 머리에 떠올릴 수 있게 되는 것이다. 판매자 입장에서 일방적으로 "좋다, 좋다"는 말을 연발해도 고객이 그것을 그대로 받아들이지 않는다는 것이다.

즉 어딘가에 아직 남아 있을 '경계심'을 한층 더 해소시켜 주는 행위이다.

이제 그 필요성에 대해 이해가 되었는가?

EXERCISE

연습문제 .... **THREE**

당신이 팔아야 할 상품의 프로필을 분명히 하여라.
그 상품은 어떤 곳에서 탄생했으며 어떠한 역사와 배경을 가지고 있는가?
'프로젝트 X'와 같은 식으로 재미있는 제목이나, 의미있는 제목을 붙여 드라마틱한 전개를 상상하면서 써나가기 바란다.
그리고 그 특징을 가능한 한 짧은 표현으로 정리가 되었다면 노트에 적어두자.

NOTE

프로젝트

- 상품명 : 우레탄폼 베개
- 개발과정
  잠자는 것이 취미였던 이 베개 개발자가 좀 더 쾌적하게 숙면을 취하기 위해 꿈의 베개를 연구 개발.
- 개발취지
  - 목침의 단점인 딱딱함을 극복하기 위해.
  - 솜베개가 너무 푹신해서 푹 꺼지는 느낌을 없애기 위해.
  - 한여름에 열이 배출되지 않아 불쾌한 수면에 빠지는 단점을 극복하기 위해.

| 마음열기 4단계 |

갑작스런 핵심 제시

이것은 변화구이다.

여러 '이야기' 장르 가운데서도 이 기법을 제일 먼저 이용한 것은 아마도 '영화'라는 장르일 것이다. 최근에는 'TV드라마'나 '소설'에서도 이 기법이 당연하다는 듯 이용되고 있다.

과연 어떤 기법일까?

이야기의 내용 중에서 가장 인상적인 장면을 돌연 앞부분에 가지고 오는 방법이다.

이것을 '전위 타이틀'*이라고 한다.

＊ 전위 타이틀(Avant-garde title) : 국내에서는 이와 같은 용어를 찾을 수 없어 일본에서 쓰이는 용어를 그대로 사용하였음.

눈치가 빠른 당신이라면 이 말을 듣고 "아하!"하고 생각했을 것이다.

알아차리는데 다소 시간이 걸리는 당신은 2시간짜리 서스펜스 드라마의 오프닝을 떠 올려 보아라.

아무튼 거의 예외 없이 살인이나 사체를 발견하는 장면이 첫머리에 나타난다.

"음! 듣고 보니 그런 것도 같네. 하지만 모든 드라마가 그런 것은 아니지."

이렇게 삐딱하게 받아들이는 사람도 있을 수 있다. 다만 이 부분은 '의미'를 생각하기 위한 것이다. 그런 장면으로 시작하는 서스펜스 드라마가 많은 것은 사실이므로 그 점을 이해하기 바란다.

이 '전위 타이틀'이 지니는 '의미'와 이를 통해 얻게 되는 '효과'는 무엇인가?

그것은 "앞으로 시작되는 2시간짜리 서스펜스 드라마는 살인사건을 다루는 이야기입니다"라고 시청자에게 '자극'을 주면서 알리고 있는 것이다.

게다가 "여기에는 많은 수수께끼가 감추어져 있습니다"라는 암시의 하나로 음악이나 사람의 비명소리 등을 사용하여 효과적으로 분위기를 고조시키면서 시청자를 끌어당기려고 하는 것이다.
자, 이제 여기까지 읽은 당신은 '이야기'에서의 '전위 타이틀'의 의미를 파악하게 되었다.

그렇다면 이번에는 '영업'에 그 '전위 타이틀'을 응용해 보자.

아니, 무슨 소리를 하는 거야?! 영업에 써먹을 수 있는 게 아니잖아?!
이렇게 생각하는 당신!
조금만 유연하게 생각해 보자.

'이야기'에서 '시청자를 자극하여 마음을 사로잡는 행위'는 '영업'에서 '고객을 자극하여 구매의욕을 불러일으키는 행위'와 같은 뜻이라고 생각해 보기 바란다.

그렇다면 구체적으로는 어떻게 하느냐?고 하는 당신!
너무 서두르지 말라.
이론을 파악하고 있는 지금의 당신은 구체적인 설명을 들으면 "아! 과연"이라는 소리가 저절로 나올 것이다.

그것은 …

'캐치프레이즈나 또는 캐치카피로 구매의욕을 불러일으킨다'
는 것이다.
"캐치프레이즈, 캐치카피를 사용한다는 것은 기본 중의 기본이다. 그 정도는 이미 알고 있다구. 날 바보 취급하는 거냐?"
라는 말은 하지 않기 바란다.
중요한 것은 '의미와 효과'를 이론적으로 파악하고 있느냐 아니냐는 점이다.

그렇다면 의미를 보다 이론적으로 파악할 수 있게 되기 위해서라도 지식으로서 머리에 넣어두어야 할 '역사'에 대한 공부를 조금만 해보자.

누구나가 '캐치카피'는 카피라이터가 만드는 것이라고 생각할 것이다.
그리고 일본에서 '카피라이터' 하면 누구나가 떠올리는 사람이 이토이 시게사토이다.
여기서 이토이 시게사토가 지금으로부터 20년 전인 1984년에 만들어 낸 전설적인 카피를 예로 들어보자.

"기쁘지?! 삿짱"

새삼 이 자리에서 이토이 시게사토를 칭찬하자는 것은 아니다. 다만 그가 만들어 낸 이 캐치카피가 의미하는 것을 세이부 백화점의 광고 카피라는 점과 함께 조금만 생각해 보자.
그 의미를 깨달았는가?

이 광고 문구는 세이부 백화점의 구매 고객층을 완전히 파악하고 있으며 또한 고객의 구매의욕을 강하게 불러일으키는 걸작이라고 생각한다.
'삿짱'은 '사치코'라는 이름의 여성을 친근하게 부를 때 쓰는 말이다. 소비자의 대표라고 할 수 있는 주부는 '사치코'라고 단언하고 있는 것이다. 왜 하필 사치코인가? 그것은 2차 세계대전 이후 폐허가 된 일본에서 아직 빈곤한 시절에 태어난 아이들에게, 부모가 행복한 아이가 되라는 의미에서 부모들이 '사치코'라는 이름을 지어준 것에서 비롯되었다. 이 아이들이 1984년 당시는 주부가 되어 주고객층이 되었다는 고찰을 통해 태어난 카피였던 것이다.

즉 '기쁘지?! 삿짱'이라는 광고 문구는, '세이부 백화점에는 주부들이 좋아할 만한 것들이 많습니다. 어서 오십시오'라는 강력한 호소를 담고 있다.

어떤가? 의미가 깊다고 생각하지 않는가?
놀랍지 않은가?

이토이의 카피가 지닌 걸작의 의미를 이해했다면 당신은 '캐치카피의 임팩트'에 대해 한층 더 깊이 이해하게 되었을 것이다.

첫머리에 돌연 '살인'을 끌어오는 2시간짜리 서스펜스 드라마 이상으로 파괴력이 있다고 생각하지 않는가?

그것이 캐치카피의 힘이다.

여기까지 이해가 되었다면 캐치카피가 이야기에서의 전위 타이틀이 지닌 자극이나 탐구심을 부채질하는 것과 같은 효과를 갖는다는 의미를 쉽게 이해할 수 있으리라고 생각한다.
이론적으로 이해하고 사용한다면 고객의 반응도 확실하게 달라질 것이고, 또한 그것은 보람과 자신감으로 바뀌어 갈 것이다.

EXERCISE

연습문제 .... **FOUR**

당신이 팔아야 할 상품의 캐치카피를 노트에 크게 적어 보자.

캐치카피를 가능한 한 깊이 읽어, 그 짧은 말 속에서 카피라이터가 나타내고자 하는 의미를 확실하게 끄집어내어 보기 바란다.

그 '의미'를 읽어냈다면 그것을 노트에 적어두자.

NOTE

.... 마음열기 5단계 |

이미지

당신이 물건을 판매하는 경우, 그 상품에는 반드시 '상품의 이미지' 라는 것이 존재하게 마련이다.

뭐가 뭔지 모르겠다는 당신!
예를 들면 그 상품에는 우선 대부분의 경우 카탈로그라는 상품 안내서가 존재할 것이다. 그 카탈로그를 꼼꼼히 살펴보기 바란다.
사진의 배치, 글자의 분량, 크기, 캐치카피는 물론 그 전부를 암기하겠다는 마음으로 구멍이 뚫릴정도로 들여다 보자.
"이제 완벽하게 암기했다"고 생각한다면 카탈로그를 덮어라.

자, 이제 문제를 내겠다.
카탈로그의 전체적인 톤은 무슨 색을 바탕으로 하고 있는가?
무엇 때문에 그 색을 바탕으로 했을 것이라고 생각하는가?

이것이 이미지의 한 예이다. 이미지에도 여러 가지가 있다.
내가 실제로 TV홈쇼핑 방송에서 이용했던 전체구성을 예로 들어 보면 '저반발 우레탄폼 베개'의 경우에 '흰구름 같은 것 속에서 천사가 내려오는 모습'이나 '아기가 쌔근쌔근 기분좋 게 자고 있는 모습'을 보여주는 것으로 지정했다.

이것은 상당히 직설법에 가까운 선명한 패턴이다.
그래도 시청자는 '흰구름 속에서 천사가 내려오는 모습'을 보 거나 '아기가 쌔근쌔근 기분좋게 잠자는 모습'을 보면 여하튼 '잠'을 의식할 것이다. 이것이 바로 '이미지'이다.

하지만 영업은 카탈로그와 화법을 가지고 하는 것이어서 영상 을 고객에게 보여줄 수는 없다고 말하는 당신!
날카로운 지적이다.
분명 이미지를 말로 전달하는 것만큼 어려운 일은 없다.

그렇다면 '의미'에 대해 생각해 보자.
과연 TV홈쇼핑 방송에서 말하는 '구름 속의 천사'나 '잠든 아 기'는 '시각'에 의해 상품을 이미지로 떠올려주는 '기능'밖에 갖고 있지 않을까?

대답은 NO이다.

조금 달리 생각을 해보자.
내가 만든 구성에서도 그랬지만, 대체로 TV홈쇼핑의 경우 이미지를 보여주는 장면은 도중에 여러 차례 삽입된다.
그렇다면 왜 이미지를 보여주는 장면이 도중에 여러 차례 삽입되는지를 생각해 보기로 하자.
아마 2가지 효과를 노린 것이라고 나는 생각한다.

하나는 '반복'에 의한 가벼운 세뇌.

그 상품을 사용함으로써 얻어질 '긍정적 요소'를 다른 구체적이면서도 넓은 의미에서의 추상성을 가진 다른 이미지로 대체함으로써 서브리미널(잠재의식) 효과로 얻어지는 인간의 의식을 깨우치고 있는 것은 아닐까.
'베개'의 경우처럼 '잠'을 이미지화하는 것은 이미 대체로 파악했을 것이라고 생각하므로 다른 예를 들어 보겠다.
앞장에서 언급했던 '골프클럽'. 이것이라면 어떨까.
'푸른하늘'과 '끝없이 펼쳐진 녹색의 코스', 그리고 '상쾌함을 맛볼 수 있는 영상'을 나라면 반드시 지정하겠다.

그 영상의 반복에 의해 방송을 보는 사람은 필연적으로 그 상품을 쓰면 영상에서 보여지는 이미지를 자기 손에 넣을 수 있을 것이라고 생각할 것이다.

또 하나는 '입가심'의 역할이다.

TV홈쇼핑 방송에서는 상품에 대한 과잉설명을 음성정보로서 제한된 시간 안에 방송하지 않으면 안 된다.
이 경우 모든 장면이 영상에 의한 설명과 음성해설에 의한 설명이라면 열심히 방송을 보고 있는 시청자는 피곤해지고 만다. 그 직접적인 해설과 해설 사이의 편안한 순간, 한숨 돌릴 만한 곳에서 갑자기 삽입되는 것이 이미지 장면이다.
나중에 서서히 효과를 보이기 시작하는 보디블로와 같은 의미를 지니고 있는 것은 아닐까.

이제 앞서 말한 주제로 되돌아가자.
또 다시 "영업은 카탈로그와 화술로 하는 것이기 때문에 영상을 고객에게 보여주지는 못한다고 아까부터 말하지 않소!"하고 말하는 당신!
'이미지'를 TV홈쇼핑이 아닌 일반 영업에 응용했을 때 주목해야 할 키워드는 '시각을 이용한 구매의욕의 고취'가 아니다.
'이미지', 그것은 '반복'과 '입가심'을 위한 도구이다.

당신은 상품의 이미지를 충분히 이해하여, 그것을 화법이나 판매전략 안에서 '반복'이나 '입가심' 정도로만 이용해도, 그 효과는 충분히 발휘된 것이라 생각하면 된다.

EXERCISE

연습 문제 .... **FIVE**

당신이 팔아야할 상품의 카탈로그를 꼼꼼히 살펴보고 그 상품이 가지고 있는 이미지를 확실하게 느껴 보자.

충분히 느꼈다고 생각하면 카탈로그를 덮고 그 상품의 이미지를 5가지만 적어 보아라.

5가지를 모두 적었다면 또 다시 카탈로그를 펼쳐 당신이 생각한 상품의 이미지와 대조해 본다.

그리고 역시 틀리지 않았다고 생각되면 노트에 그 5가지를 적어두자.

NOTE

잠을 깊이
잘 수 있다.

딱딱하지도 않고
너무 푹신하지도 않다.

첨단 기술의 힘

내 몸에 딱 맞게
조율되는 맞춤 베개

활기차게
생활할 수 있다.

연습문제의 재확인

당신의 노트에는 지금 …

> 1. 당신이 팔아야 할 상품의 '이름과 종류', '상품을 인식시키는 방법'
> 2. 당신이 팔아야 할 상품의 '조감도'라고 할 수 있는 '한마디'에 의한 판매
> 3. 당신이 팔아야 할 상품의 '출처'와 '역사 및 배경'
> 4. 당신이 팔아야 할 상품의 '캐치카피'와 '그 의미'
> 5. 당신이 팔아야 할 상품의 '상품 이미지 5가지'

이상과 같은 내용이 제대로 파악되어 있는가?
생각나지 않는다고 해서 건너 뛴 부분은 없는가?

단계를 밟아 '의미(이론, 이치)'를 머리 속에서 체계적으로 정리하면서 진행해 가야하므로 이 시점에서 빠진 게 있는 경우는 위험하다.
빠진 게 있다면 당신은 그 단계를 충분히 이해하지 못하고 있다는 얘기가 된다.
다시 그 단계로 되돌아가서 왜 그렇게 해야 하는지, 왜 그렇게 하는 의미가 있는지를 확실하게 이해한 후에 재검토해 보기

바란다.
당신의 일에서의 구체적인 사항을 드는 것은 물론 효과적이지만, 중요한 것은 '의미'를 분명하게 이해하는 것이다.

'의미'만 이해한다면 어떠한 경우에도 당신의 일에 쉽게 응용할 수 있다는 사실도 기억해 두기 바란다.

그러한 사실들을 잊지 말고 다음 장으로 진행하기 바란다.

제 2 장

상품에 대한 이해를
깊게 하기 위한 '취재'

"취재를 통해 상품에 대한 애정이 깊어지고 가깝게 느끼게 되므로
틀림없이 자신감과 책임감을 갖게 된다."

취재의 흐름도

상품에 대한 이해를 깊게 하기 위한 '취재'

취재 준비단계
마음가짐

제 1장 마음열기를 확실하게 파악했다면 이미 당신은, 당신이 팔아야 할 상품을 고객에게 인식시켜 '왠지 좋은 것 같다'는 생각을 들게 할 정도의 기술과 기법이 몸에 베어 있다고 할 수 있다.

무엇보다 그러기 위해서는 제 1장을 이론적인 지식과 함께 그에 담긴 의미에 대해서 제대로 파악하고 있어야 할 필요가 있다.

그러한 전제 하에서 제 2장으로 들어 간다.

여기서는 조금 전과는 약간 다른 관점을 기르게 된다. 상품을 이해하기 위한 접근 방법을 바꿔 보는 것이라고 생각해도 좋다.

제 1장에서는 '생활' 또는 '일상'이라는 범주와 밀접한 연결을 지닌 부분에서 고객이 갖고있는 상품에 대한 벽을 제거한다는 행위를 주로 해 왔다.

하지만 이번 장에서는 그런 가까운 자기 주변에서부터 시작하는 것이 아니라, 과녁에 쏘아 맞히듯 상품에 접근을 해 보자. 제 1장이 백병전이라면 제 2장은 총격전을 벌인다고 생각하면 된다.

그렇다면 과녁에 쏘아맞히듯 접근한다는 말은 도대체 무슨 뜻인가?

그것은 실체에 대한 '의식'을 기르는 '문학·심리학'과 같은 해석이 아니라, 수치를 통해 검증하는 '물리·과학'을 이용해서 상품을 더 깊이 이해해가자는 것이다.

'과학'이라고 해서 그렇게 어렵게 생각할 필요는 없다.

요컨대 초등학생 시절의 자연실험을 떠올리면 된다.

'알코올램프와 석면이 붙어 있는 철망'에 '비닐테이프'나 '물고기 해부' 등과 같은 지식의 응용이라고 생각한다면 충분하다. '수헬리베붕탄질산플네(수소, 헬륨, 리튬, 베릴륨, 붕소, 탄소, 질소, 산소 등의 원소기호의 줄임말)'라든가 '옴(ohm)의 법칙', '플레밍의 왼손법칙은 가위바위보의 가위 모양과 비슷하다' 등의 복잡한 내용은 일체 생각하지 않아도 된다.

예를 들면 상품의 '메커니즘 조사', '소재 분석', '단면도', '컴퓨터그래픽 등을 이용한 과학적 처리', '실험데이터' 등이 이에 해당한다.

이번 장의 주제를 이해하기 쉽게 말하자면 '믿을 수 있는 상품을 감각이나 의식만이 아니라 수치를 보여줌으로써 구매의욕을 불러일으키는 것'이라고 생각하라.

이번 장은 '이야기'의 구조에서 말하자면 '승(承, 전개)'에 해당한다.

소설이나 영화에서는 이 부분을 섬세하게 그려나간다.
취재의 힘이 무엇보다 크게 반영되는 것도 바로 이 부분이다.

"취재라니? 난 기자가 아니야"라며 반론하는 당신!
당신은 자신이 팔아야 할 상품에 대해 얼마만큼 알고 있는가?
얼마만큼이라니? 상품 카탈로그에 적혀 있는 내용이라면 전부 꿰뚫고 있다. 영업을 하는 데 그 정도는 당연한 것이 아니겠느냐라고 할지 모르겠다.
하지만 그것은 상품에 대한 진정한 이해가 아니다.

진정으로 상품을 이해한다는 것은 더욱 생생하게 상품을 느끼는 것이다.

그러기 위해서는 때로 발품을 팔지 않으면 얻어낼 수 없는 경우도 있다.
'이야기'를 만들어 내는 사람들은 '이야기'라는 허구의 이야기를 그리기 위해 실제의 취재를 면밀하게 한다.
무대가 되는 장소를 찾아가고, 다룰 직업에 대해서는 체험이나 견학을 해 본다.

지도와 참고자료만을 갖고 '이야기'를 만든다는 것은 직접 뛰어다닐 시간이 없는 사람이거나 '이야기' 만들기를 진지하게 하지 않는 사람임에 틀림없다.

'장소 헌팅(location hunting)'이라는 말을 들어 본 적이 있는가?

장소 헌팅은 영화나 드라마 등에서 실제로 촬영하는 장소를 사전에 찾아가 조사하는 일이다.
요컨대 영업의 경우도 헌팅을 해야한다고 나는 단언한다.

그런 걸 하고 있을 시간이 없다고 말하는 사람도 있을지 모르겠다.
하지만 그런 말을 하는 사람은 처음부터 아예 할 마음이 없기 때문에 그렇게 말하는 것이다.
시간은 만들어 내는 것이다.

시간을 어떻게든 짜내어 당신이 팔아야 할 상품을 취재해 보도록 하라.

한 가지 성공사례를 들어보겠다.

앞장에서 언급했던 '저반발 우레탄폼 베개'의 예이다.
나는 이 상품이 TV홈쇼핑에서 판매하기로 결정되었을 때 광고주에게 한 가지 부탁을 했다.

그렇다. 이미 당신도 짐작했을 것이다.

'저반발 우레탄폼 베개'의 제작과정을 취재하게 해달라는 것이었다.

그리고 나는 이 베개를 제작기획한 오사카에 있는 회사를 찾아가 먼저 기획자의 얘기를 들었다. 그런 다음 마찬가지로 오사카에서 베개 커버를 만들고 있는 회사를 방문하여 실제로 제작현장에서 일하는 사람들의 얘기를 귀담아 들었으며, 또 우레탄소재를 만드는 나라(奈良)에 있는 공장에까지 찾아가서 기계설비를 견학한 후 담당자의 이야기를 들었다.

"왜 그렇게 까지 해야 하느냐?"고 생각하는 사람도 있을지 모르겠다.
하지만 나로서는 당연한 일이었다.

내가 시나리오 작가 선생님 밑에서 시나리오를 배우는 제자로 생활할 때의 일이다. 가령 작품에서 여성 록 가수를 그려야 하는 경우를 예로 들어보자. 현대의 록을 하는 여성이 어떤 말투를 사용하는지 라이브하우스를 찾아다니며 인터뷰를 하거나, 무대가 가부키 공연장이라면 그곳을 구석구석 돌아다니며 취재하는 것은 당연히 해야 할 일이었다.

그런 환경에서 지내왔으므로 자신과 관계가 있는 대상을 자유자재로 움직이기 위해서는 철저한 사전 조사가 필요하다는 것이 자연스럽게 몸에 베었던 것이다.

그런 이유에서 나로서는 평소와 다름없이 취재하러 간 것이었다.
그렇게 해서 나는 '저반발 우레탄폼 베개'의 카탈로그에는 적혀 있지 않은 아주 중요한 사항을 발견하게 되었다.

나라(奈良)에 있는 공장을 방문했을 때의 일이다.

종래의 '저반발 우레탄폼 베개'는 오랜 시간 사용하다 보면 변형을 일으키는 결점이 있었다.
하지만 내가 담당했던 '저반발 우레탄폼 베개'에는 변형을 방지하기 위한 연구가 이루어져 있었다.

지금까지의 '저반발 우레탄폼 베개'는 비용이나 수고를 덜기 위해, 우레탄을 봉상태로 길게 만들어 엿가락을 자르듯 일정한 크기로 절단하여 한꺼번에 대량으로 생산하는 '블록형'이라고 불리는 생산 시스템을 채택하고 있었다.

그런데 내가 광고를 맡았던 '저반발 우레탄폼 베개'는 '몰드형'이라고 불리는 생산 방식을 채택하고 있었다. 베개 하나 크기의 금형을 만들어, 거기에 우레탄 액체를 흘려 보내 하나씩 만들어 내는 방식이었다. 꽤 손이 많이 가는 제조법을 통해 변형을 없애려는 노력을 했던 것이다.

이런 내용은 상품 카탈로그에는 쓰여있지 않았다.

이 '저반발 우레탄폼 베개'에는 냄새를 제거하는 베개 커버가 붙어 있었으며, 커버를 씌움으로써 입체구조를 만들어 열이 빠져나가도록 하는 기능 등, 그 밖에도 주목할만한 특징이 많았다. 그러다 보니 카탈로그에 기재하는 것을 잊었는지 몰라도 아무튼 소재에 대한 철저한 소개가 없었다.

하지만 취재를 통해 '재료부터가 어딘지 달라도 다르다'는 결론을 얻을 수 있었고, 그 제품의 우위성에 한발 더 다가갈 수 있었다. 결과적으로 사용 소감을 묻는 설문조사에서도 남다른 소재를 고집하고 있다는 점에 공감했다는 소비자가 많다는 것을 알게 되었다.

나는 "해냈구나" 하고 생각했다.

'이야기'를 만들기 위한 취재를 할 때도 이처럼 직접적으로 효과를 나타내는 경우는 그리 많지 않다.

하지만 취재를 통해 대상(영업에서 말하자면 상품)에 대한 애정이 깊어지고 가깝게 느끼게 되므로 틀림없이 자신감과 책임감을 갖게 된다.

이하의 단계에서 소개하는 3단계 취재는 그 구체적인 실행 방법에 지나지 않는다.
물론 구체적인 취재 방법도 중요하지만 그 전에 우선 알아두어야 할 점은 취재의 중요성을 인식하는 것이다.

취재를 해야 하는 의미가 스스로도 충분히 이해되었다면 다음 단계로 진행하도록 하자.

이하의 3단계 취재에는 특별히 순서는 없지만, '대략적인 일반사항에서 좀 더 자세한 세부사항' 순으로 배열했다. 통상은 이대로 취재하는 편이 상품에 대한 이해가 좀 더 깊어질 것이라고 생각한다.

그렇다면 3단계 취재에 대해 살펴보기로 하자.

취재 1단계 |
메커니즘 조사

우선 처음에 하는 취재는 당신이 팔아야 할 상품의 '메커니즘 조사'이다.

도대체 메커니즘 조사가 무엇이냐?고 하는 당신!

언뜻 보기에 비집고 들어가기 어려울 것 같은 외래어 표현에 어리둥절 할 필요는 없다. '메커니즘'이라는 말은 한묶음으로 뭉뚱그려 설명하기위해 사용했을 뿐이다.

간단히 말하자면 당신이 팔아야할 상품의 '구조'를 상세하게 알아 둘 필요가 있다는 것이다.

그렇다면 내가 실제로 담당했던 예를 가지고 이야기해 보자. 앞장에서 여러 차례 언급했던 '저반발 우레탄폼 베개'를 예로 드는 것이 이해하기 쉬울 것이다.

Y사의 저반발 우레탄폼 베개 "XXXX".

본체의 소재는 우레탄.
그 우레탄은 에테르 형태의 2가지 액체를 몰드형이라는 형틀에 흘려 보내어 화학반응으로 발포시켜 제조한다.
아주 긴 봉상태로 만들어 그것을 적당한 크기로 자르는 '블록형' 생산보다는 강도를 어느 정도 더 유지할 수 있다는 점에서 '몰드형'을 채용했다.

그리고 기존에 발매된 우레탄폼 베개의 결점이기도 한 가라앉는 현상을 방지하기 위해 이 베개에는 커버가 부착되어 있다. 그 커버는 감촉이 좋고 강도가 크면서 세탁수축율이 적어 브래지어 등에 이용되는 크리스탈 코튼이라는 소재를 사용했다.

게다가 그 소재가 가라앉는 것을 막기 위해 탄력성을 지니도록 천을 3중구조의 벌집모양으로 직조했으며, 통기성을 좋게 하기 위해 입체적인 공기 통로를 만들어 완성시켰다.

커버의 비밀은 그뿐만이 아니다. 피부에 안전한 특수 약품이 들어 있으며, 그 약제의 효과에 의해 생활악취나 병원냄새를 흡착, 분해, 제거하는 효과가 있다. 게다가 그 효과는 세탁을 해도 거의 사라지지 않는다는 사실이다.

그리고 물론 원래의 '저반발 우레탄폼 베개'가 지닌 기본적인 충격흡수 가중분산기능을 겸비하고 있다.

예를 들면 지금 열거한 것이 '메커니즘'이라고 생각하라.

일부 메커니즘의 범주를 뛰어넘어 기능설명의 범주에 들어가는 부분도 있지만, 그것은 여기서 기능도 함께 설명해 두지 않으면 왜 그 소재가 좋은지를 독자인 당신이 이해하지 못할 것이라고 생각했기 때문이다.

만일 당신이 이 베개를 영업하는 입장이라면 우선 '메커니즘 조사'라는 이 단계에서는… 요컨대 이 베개는 '우레탄'으로 만들어졌고 촉감이 좋으며 통기성도 좋고 또한 생활악취까지 제거하는 기능이 있다라는 정도까지는 큰 소리로 말할 수 있어야 한다.

"그건 우연하게 메커니즘을 이해하기 쉬운 베개였으니까 그렇지…"라는 식으로 삐딱하게 생각하는 당신!

제발 이해하기 바란다.
내가 예를 들면서 설명하고 있는 이유는 실제로 있었던 일이므로 현장감을 느껴 당신 자신의 일에도 자유자재로 응용할 수 있도록 하기 위해서라는 사실을.

상품이 '베개'가 아니었어도 마찬가지이다.

그렇다면 얼핏 생각하기에 응용하기 어려울 것 같은… 예를 들어 이 상품도 TV홈쇼핑에서 흔히 볼 수 있는 것 중 하나인데, 바로 이 '컴필레이션(편집) CD'가 당신이 팔아야 할 상품이라고 치자.
젊었을 때 자주 듣던 여러 가수의 곡이 몇장의 CD로 구성되어 패키지로 만들어진 것을 본 적이 있을 것이다. 바로 그 상품이다.

어떤가?
이런 CD의 경우에도 당장에 '메커니즘 조사'가 가능할까?

대상이 CD로 바뀌어도 마찬가지다.
우선 곡의 선별과 구성을 확실하게 머리 속에 집어넣어라.
그리고 '음원'이 어디서부터 나오는 것인지 조사해라.
노래를 부른 사람은 원곡의 가수인가?
지금까지 CD화 되어 있지 않았던 곡들도 수록되어 있지는 않은가?
레코드 회사는 어느 곳인가? 한 회사가 단독으로 만들었는가?

카탈로그를 살펴보았는데도 모르겠는 부분은 직접 조사해 보아라. 협조를 해 줄만한 레코드 회사에 전화를 걸어 물어보는 것도 좋을 것이다.

그런 식으로 컴필레이션 CD의 메커니즘 조사를 충분히 행하는 것이다. 그리고 컴필레이션 CD의 구성을 언제든지 보지 않고도 말할 수 있도록 해라.

만일 당신이 팔아야 할 상품이 '보험'이나 '스포츠 클럽의 회원권'과 같이 실체로서 눈에 보이지 않는 것이거나 '수도를 다른 도시로 이전시키려는 기획안' 등과 같은 아이디어인 경우에도 그것은 마찬가지다.

그 팔아야 할 상품이 어떤 '부품'으로 구성되어 있는지를 조사하여 정확하게 파악해야 한다.

수고를 아끼지 않고 제대로 조사를 한다면 그것이 저절로 '메커니즘 조사'가 되고, 당신이 그 내용을 기억함으로써 상품에 대한 이해를 한층 더 깊게 할 수가 있으며 또한 자신감으로 이어지게 된다.

E X E R C I S E

연습문제 ·········· **SIX**

당신이 팔아야할 상품은 어떤 '부품'으로 구성되어 있는가?

또는 어떤 '소재'를 사용하고 있는가?

어디에서 그 '소재'를 얻고 있는지 가능한 한 원류까지 거슬러 올라가 조사해라.

조사를 했다면 그것을 노트에 적어두자.

NOTE

소재 : 우레탄
→ 에테르 형태의 두 액체가 화학반응을 일으켜 만들어진 것.

커버 : 벌집모양으로 짜여진 3중 천
→ 우레탄폼 베개가 쉽게 가라앉는 것을 방지하고 통기성이 뛰어나다.

특수한 약품처리
→ 세탁을 해도 사라지지 않는 특수기법으로 처리된 약품으로 냄새제거 효과가 뛰어나다.

취재 2단계 | 소재 분석

당신이 팔아야 할 상품의 '소재(또는 부품)'이 어떤 것으로 구성되어 있는지를 이해했다면 이번에는 상품에 대한 이해를 한층 더 깊이해 보자.

그 소재를 '왜' 사용하는지, 그 '이유'에 대해 조사하고, 분명한 대답이 나오지 않는다면 당신이 조사한 그 정보를 분석하여 당신 나름대로 '이유'를 추측해 보는 것이다.

내가 구성한 TV홈쇼핑 프로그램 안에서는 '소재'를 이용한 실험장면을 반드시 넣었다.
예를 들면, '저반발 우레탄폼 베개'의 경우는 우레탄이 반발하는 힘이 어느 정도인지를.
'골프클럽(메탈우드)'의 경우는 메탈부분 재질의 강도는 어느정도이고 반발성은 어느 정도이며, 나아가 손잡이의 휨과 복원력은 어느 정도인지를.

'세이프업 팬츠'의 경우는 천의 흡수성과 수축성은 어느 정도 인지를.

구체적인 영상으로 소개하거나 또는 컴퓨터 그래픽에 의한 해석으로 이미지를 영상화하면서 그 '소재'의 우위성에 대해 해설을 해나갔다.

TV홈쇼핑에서는 영상을 통해 구매의욕을 불러일으킬 수 있지만, 실제의 영업에서는 고객에게 영상을 제시하기 어렵다.
본래 실험에 의해 보여주어야 할 '소재'의 우위성을 카탈로그와 화법을 통해 보여주어야 하는 경우가 대부분일 것이다.
그렇다면 어떻게 하면 좋을까?

여기서 중요한 점은 앞서 서술한 '그 소재구성을 채용한 〈이유〉를 확실하게 머리 속에 집어넣는 것'이다.

어째서 소재를 채용한 이유를 설명하는 것이 실험을 대신할 수 있을까? 당신은 한 순간 의아하게 생각할지도 모르겠다. 하지만 냉정하게 생각해 보면 매우 간단하다.
본래 실험이란 보통 무엇 때문에 행하는 것일까?

아마도 '추론'이나 '예측'이 있는 것에 대해 실제로 시도해 봄으로써 그것이 정말로 올바른지 어떤지를 판별하기 위해 행하는 것이 아닐까?

즉 한 걸음 나아가 생각하면 그 소재를 이용하는 것이 옳았는지 어땠는지, 왜 이용했는지, 그 이유를 찾거나 실증하기 위해 실험을 행하는 것이라고도 생각할 수 있다.
그렇다고 한다면 고객에게 실험하는 모습을 보여줄 수 없는 경우에도 응용은 충분히 가능하다.

그것은 실험에 의해 밝혀진 '이유(또는 이론)'을 당신이 명확하게 파악함으로써 가능해진다. 실험의 단계를 모조리 생략해도 당신이 그 자리를 채우는 형태로써, 그 '소재'를 채택한 이유를 고객에게 설명하면 되는 것이다.

이 행위가 제 2단계 취재, 즉 '소재구성의 이유 탐구'이다.
'메커니즘 조사'의 단계에서 '그 범주를 뛰어넘어'라는 표현을 사용한 이유는, 여기서 설명해야 할 것을 상품의 정보로서 당신에게 분명히 이해시키기 위해, 이유와 함께 먼저 제시해 버리고 있기 때문이다.

마찬가지로 당신이 고객에게 제시하는 경우도, 내가 설명한 바와 같이 '메커니즘 조사'를 통해 얻은 정보를 소개하면서 왜 그런 메커니즘에 이르게 되었는지에 대한 '이유'를 동시에 해설하는 경우가 실제로는 많아질 것이라고 생각한다.

하지만 이 장은 '취재'라는 틀로 묶었다.
그것은 아직 당신 안에서 상품의 핵이 되는 정보는 카탈로그를 살펴본 정도의 지식뿐일 것으로 가정했기 때문이다.

한 가지 방법으로써 '취재'의 순서는 …
우선 상품의 '메커니즘' 또는 '구성 정보'를 조사한다.
이것은 대개의 경우 카탈로그에 나와 있으므로 그다지 걱정할 필요는 없다.
둘째로 상품이 어째서 그러한 소재구성을 이용하기에 이르렀느냐하는 이유를 파악하는 것이다.
이것이 지금까지 당신이 머리 속에 넣어두어야 할 2단계이다.

당신이 머리 속에 집어 넣을 때는 2단계를 거치는 편이 이론적으로 이해하기 쉽지만, 고객에게 설명하는 경우 즉 아웃풋의 경우는 한번에 제시하지 않으면 안 되는 경우가 대부분이라는 사실도 동시에 기억해 두어야 한다.
상품에 따라 몇 차례 머리 속에 기억하는 작업을 반복하다 보면 그러는 동안에 무의식적으로 취재를 동시에 진행할 수 있게 될 것이다. 그렇게 되는 것이 이상적이다.

EXERCISE

연습문제 .... SEVEN

당신이 팔아야할 상품의 '부품'이나 '소재'는 누가 어떤 의도에서 이용했을까?

만일 이유를 모른다면 어떠한 형태를 사용해서든지 당신 스스로가 납득할 때까지 취재를 해라.

그리고 부품이나 소재가 이용된 이유가 자연스럽게 필연적이라는 생각이 들고 이해가 되었을 때는, 아마도 당신은 이미 부품이나 소재에 대해 '이유'와 더불어 고객에게 설명할 수 있게 되어 있을 것이다.

그 '이유'도 마찬가지로 노트에 적어두자.

NOTE

.... 취재 중 발생할 수 있는 문제 |
결점에 대한 대처

당신이 의심이 많고 성격이 급한 사람이라면 "그렇게 말하기는 쉽겠지. 하지만 우리는 그런 최상급의 상품만 팔 입장이 아니다"라는 따위의 생각을 하고 있을 수도 있다.

내가 서술해 놓은 방법대로 정말로 실천해 나간다면 틀림없이 영업실적은 향상될 것이므로 걱정할 필요는 없다. 다만 굳이 얘기를 하자면 딱 한 가지 문제가 있다.

앞서 서술한 2가지 단계의 취재를 행한 결과로 인해 맞닥뜨리게 되는 경우가 있다.
그것은…
'결점의 발견' 이다.

그럴 때는 어떻게 대처하면 좋을까?

상품의 존재 이유(그렇게 거창한 것은 아니지만)에 대해 2가지 단계를 취재를 통해 해명해 갔을 때 당신이 만일 그 상품의 '결점'에 부딪혔다면 그것은 오히려 "잘됐어!"하고 기뻐해도 좋을 일이다.

고객이 의아하게 생각하기 전에 당신이 팔아야 할 상품의 '결점'을 먼저 알아차리게 된 것이니까 말이다.
이 역시 상품에 대한 이해를 제대로 했다는 증거이다.
아무것도 두려워 할 필요는 없다.
보충할 방법을 사전에 준비해 두고, 고객이 불안하게 생각했을 때 그 대처법을 바로 제시해주게 되면 문제는 사전에 해결된다.

이제 여기서 이 책의 내용으로 되돌아가 보자.

서론의 〈짧은 이야기〉에서 나는
'연애가 순조로워지기 위한 비결은 〈상대방에 대한 절대적인 신뢰와 존경〉'이라고 했다.

물론 도입부에서 난해한 책이 아님을 이해시키기 위해, 가벼운 몸풀기 정도로 쉬운 부분에서부터 시작했던 것이지만 본래의 의미는 그 뿐만이 아니다.

왜 '연애'를 예로 사용했을까?

그것은 내 자신 안에서는 '이야기를 만드는 것 = 상품을 파는 것 = 연애를 성취시키는 것' 이기도 했기 때문이다.

우선 일상에서 쉽게 접할 수 있는 부분인 '연애'에서부터 설명을 해 간다면 이해하기가 쉬울 것이라고 생각한다.
예를 들어 당신이 독신으로 또는 결혼을 했다고 해도 좋지만 누군가와 사랑을 하고 있다고 하자.

그 상대는 스타일도 좋고 두뇌도 명석하며 당신을 존경하는 것도 잊지 않는, 일거수 일투족 무엇 하나를 집어 보아도 완벽한 상대인가?

…….

"네"라고 대답한 당신!
아마 나도 그런 질문을 받는다면 틀림없이 당신과 마찬가지로 대답했을 것이다.
그런데 '네'라고 대답할 수 있는 이유는 거의 모든 부분이 자신에게 있어서는 완벽한 점도 있겠지만, 어느 부분에서는 '제 눈에 안경'인 점도 있다.

'사랑의 마법'이라고 할만한 신기한 일인데, 그것은 보기에 따라서는 '결점'일 수도 있지만 그런 점마저도 좋아한다는 생각이 머리 속에 있기 때문이다.
그런 착각의 세계로 이끌어주기 때문에 '연애'는 연령을 불문하고 매력적인 것이다.

아무튼 이 책은 연애지침서가 아니라 누가 뭐라고 해도 일단은 비즈니스 책이다.
본론으로 되돌아 가자.

이제 조금은 이해가 되었는가.
'결점'을 착각의 세계로 이끌어 버리면 되는 것이다.

"무슨 바보 같은 소리냐?"라고 하는 당신!
여전히 무슨 소리인지 통 이해가 되지 않는가?
그렇다면 나의 실례를 들어 영업에 응용할 수 있음을 입증해 보기로 하겠다.

또 다시 '저반발 우레탄폼 베개'에 대한 이야기다.

내가 이 '베개'에 대해 판매대리점의 담당자만큼이나, 아니 그 이상으로 파고 들었기 때문에 알아차리게 된 사실이 있다.

이 '베개'는 열이 쉽게 방출되지 않는다.

그 사실을 알아차릴 수 있었던 이유는 내가 평소에 사용하는 베개 속이 메밀껍질로 만들어진 것이기 때문이다.
저반발 우레탄폼 베개를 베고 자 보았더니 마침 여름철이기도 해서였겠지만 후두부와 목 주변에 약간의 열이 잔류하는 것 같았다.
그래서 데이터를 비교해 보았더니 메밀껍질 베개보다 훨씬 온도가 높다는 사실을 알아내게 되었다.
그래서 나는 생각했다.
이 '결점'을 어떻게 대처해야 할까?
그렇게 해서 이르게 된 것이 '연애'의 사고방식이다.

가령 당신이 누군가를 좋아하게 되었다고 하자.
당신은 특별히 잘생기지도 않았고, 나이도 먹을 만큼 먹어서 헌팅을 하기도 쉽지 않은 상황이다. 그러므로 상대방 여성은 일이나 취미영역에서 가깝게 자주 이야기를 나누는 관계에서 '연애'로 발전하는 패턴이 가능성 면에서는 높다.

자, 그런 식으로 해서 연애를 시작한 상대가 있다고 하자.
그러면 당신은 상대방을 분석하게 될 것이다.
물론 이론이 아니라 느낌으로서 좋아한다는 생각도 크겠지만,

'웃는 얼굴이 좋다'라든가 '착한 성품이 좋다'라든가 '유머러스 한 점이 좋다'라든가 하는 구체적인 '우위성'의 부분도 반드시 있을 것이라고 생각한다.

그렇다고 그 때 당신이 가령…
상대방의 '웃는 얼굴'이 '인기 연예인보다도 이쁘다'거나,
상대방의 '성격'이 '어머니보다도 착하다'거나,
상대방의 '센스'가 '개그맨보다도 훨씬 웃긴다'는 식으로 비교하지는 않을 것이다.
무엇보다도 그 사람 자체를 좋다고 생각하기 때문에 '대상 외'의 사람과는 처음부터 비교할 수가 없을 것이다. 예를 들면 비교한다고 해도 가까운 연애대상이 될 수 있는 사람이나 과거 연애를 했던 사람과 비교하는 것이 고작이다.

다시 말해 이 부분을 상품의 결점에 대한 대처로 바꿔 응용하는 것이다.

나의 예로 되돌아 가보자.
내가 담당했던 '저반발 우레탄폼 베개'는 열이 쉽게 방출되지 않는다.
그것은 내가 '메밀껍질 베개'와 비교했기 때문에 알아차릴 수 있었던 일이었다.

하지만 그 '저반발 우레탄폼 베개'는 우연하게도 '메밀껍질 베개'와 비교했을 때 열이 쉽게 방출되지 않았던 것일 뿐, 기존 타사제품의 '저반발 우렌탄폼 베개'와 비교했을 때는 훨씬 열방출 성능이 우수했던 것이다.

게다가 그 '저반발 우레탄폼 베개'에는 '메밀껍질 베개'에는 없는 더 나은 기능이 여러가지 있었다.
비교하는 대상에 대해 조금 생각했을 뿐, 나는 이쁜 연예인과 애인을 비교하는 식의 유치한 실수를 저질렀다는 것을 알아차렸다.

일상생활을 예로 들어 보면 자신이 멋대로 모순이라고 생각했던 것에서도 의외로 솔직한 해답이 얻어진다.

하지만 그 '결점'을 알아차린 것은 결과적으로 좋은 일이었다. 그것은 내가 담당했던 상품의 '객관적인 가치'를 알았기 때문이다.

그리고 나는 프로그램 구성 안에 '저반발 우레탄폼 베개'만이 가지고 있는 우월함을 강조하여
"종래의 메밀껍질 베개에는 높낮이를 조정할 수 없다는 단점이 있습니다. 또한 메밀껍질 베개가 지나치게 딱딱하다고 느

끼는 사람들에게는 저반발 우레탄폼 베개가 안성맞춤입니다"
이처럼 오히려 역으로 부각시키는 해설을 삽입했다.

아마도 이것은 '결점'을 찾아내지 못했다면 알아차릴 수 없었던 특징이었을 것이다.

그렇다. '결점'을 알아냄으로써 상품 설명에 한층 더 구체성을 갖도록 할 수가 있는 것이다.
그 점만 이해해 두면 '결점'을 사전에 보충하여 상품의 우월함을 충분히 부각시킬 수 있다.

'결점'의 발견은 두려워 할 일이 아니다.
오히려 부각시킬 수 있는 핵심 사항을 하나 더 발견했다고 기뻐해야 할 일이다.

EXERCISE

연습문제 .... **EIGHT**

당신이 팔아야 할 상품에서 취재를 통해 '결점'을 발견하지는 않았는가?

만일 발견했다고 해도 두려워하지말고, 기죽지 말고, 주춤하지 말고 그것을 보충하여 더 나은 긍정적인 방향으로 전환시켜라. 그리고 고객이 '결점'을 알아차렸을 때를 대비하여 사전에 대처방법을 생각해 두자.

그것을 짧은 표현으로 정리할 수 있다면 마찬가지로 노트에 적어두어라.

NOTE

취재 3단계 |
그래프와 수치

취재의 마지막 단계이다.
전체적인 틀에서 점점 구체적인 부분으로 파고들어 가는 단계라고 할 수 있다.
이 장에서 서술하는 취재 작업은 사진과 똑같은 '그림'을 그리기 위한 일련의 흐름이라고 생각하면 쉽게 이해할 수 있을지도 모르겠다.

> 제1단계는 '스케치'
> 제2단계는 '채색'
> 제3단계는 '정밀묘사'

당신이 팔아야 할 상품을 고객에게 더 현실적으로 또한 더 구체적으로 부각시키기 위해 드디어 당신이 취재를 해야 할 마지막 단계가 되었다.

그것은 구체적인 '수치'를 조사하는 일이다.

구체적인 '수치'란 팔아야할 상품의 기능의 우위성에 대해 실제로 데이터를 조사하여 가장 효과적으로 나타나는 단위를 이용하는 것이다. 그리고 그 우위성의 '수치'를 '단위'와 함께 고객에게 제시하는 것이다.

"보통사람인 고객이 전문적인 '단위'나 '수치' 따위에 흥미를 갖겠어?"라고 생각할지도 모르겠다. 하지만 정말 그럴까?

사실 내가 구성을 담당했던 TV홈쇼핑에서는 '수치'를 제시했던 장면이 가장 볼만한 것이 되었다.

이제 다시 '저반발 우렌탄폼 베개'를 예로 들어 보자.
이 상품에는 베개 커버에 생활악취를 흡착, 분해, 제거하는 기능이 있다는 것은 앞에서 서술했다. 그 부분을 실제로 프로그램에서는 어떻게 표현했는지를 소개하겠다.

영상은 두개의 투명한 상자 안에 담배연기를 내뿜어 뚜껑을 닫는 모습을 보여준다.

하나는 상품을 넣은 상자이고 또 다른 하나는 상품을 넣지 않은 상자이다.

"…냄새를 흡착, 분해, 제거하는 효과를 실제로 살펴 봅시다. XXXX(커버의 명칭)가 들어있는 공간과 아무것도 없는 공간에서 담배냄새를 측정합니다. 15분 후 어떻게 되었을까요? 아무것도 없는 공간에서는 담배냄새가 12PPM으로 강한 수치를 보였는데 비해, XXXX가 들어 있는 공간의 경우는 1PPM 이하로 거의 냄새가 남아 있지 않다는 사실이 증명되었습니다…."

냄새의 수치인 'PPM'을 구체적으로 나타내기 위해 냄새를 측정하는 장치를 가지고 상자 안의 공기를 빨아 들이게 하여 수치를 카메라로 클로즈업하면서 거기에 음성 설명을 덧붙였다.

이것을 나는 프로그램 구성 안에 삽입했다.
광고주나 일반적으로 이 구성을 본 고객으로부터 어떤 말이 나왔을지 상상해 보자.
물론 "PPM이라는 게 무슨 말인지 모르겠다"는 얘기도 있었다. "그럴 줄 알았어"라는 따위의 말은 하지 않기를 바란다.
중요한 것은 그 외의 의견이다. 광고주도 촬영에 들어가기 전에 내가 구성한 내용을 읽고 다음과 같이 말해 주었다.

"PPM이라는 단위에 대해서는 자세히 모른다고 해도, 수치가 보여지면 구체적으로 비교를 할 수 있으므로, 가령 이 상품에는 12PPM정도의 냄새를 제거하는 기능이 있다는 것은 고객도 판단할 수 있을 것이다"

광고주와 마찬가지로 고객이나 모니터로부터도 "수치를 제시해 주어서 보다 구체적으로 상품에 대한 이미지를 그릴 수 있었으며, 그 만큼의 효과가 있다는 것이 사실감있게 느껴졌다"는 의견이 많았다.

TV홈쇼핑에서 실제의 실험영상을 사용할 수 없는 경우에는 컴퓨터 그래픽에 의한 이미지 영상과 그래프 등으로 비교를 확실하게 나타내는 것이 가능하다.

자 그렇다면 이제 당신의 영업에도 응용해 보기로 하자.
대담한 표현을 하겠다.
당신이 팔아야할 상품의 우위성을 그 기능 특유의 수치로 타사 또는 기존의 같은 제품과 비교해서 표현해 보기 바란다.
그 때 당신 자신은 수치의 단위가 지닌 의미에 대해, 가령 PPM은 냄새를 측정하는 단위라는 정도는 알아두어야 할 필요가 있지만, 고객은 그것을 모르더라도 상관없다.

중요한 것은 단위의 의미가 아니라 비교하는 수치의 구체성이다.

그리고 당신이 반드시 영상과 함께 상품을 부각시킬 기회를 얻을 수 있다고는 할 수 없다. 때문에 수치를 취재한 현장을 사진으로라도 찍어두자.
사진을 찍어 둘 수 없다면 컴퓨터를 사용하거나 직접 손으로라도 기존의 제품과 비교했을 때의 우위성을 그래프로 나타낸다.
그 때 구체적인 수치를 제시하는 것을 아무쪼록 잊지말아라.

여기서 또한 '이야기'라는 것을 생각해 보아도 그 '수치'의 필요성은 더욱 납득할 수 있을 것으로 생각한다.

"스칼렛 오하라는 미인은 아니었지만, 탈레턴 쌍둥이형제가 그러했듯이 일단 그녀의 매력에 빠져들기 시작하면 아무도 그 사실을 깨닫지 못했다. (중략)
1861년 4월의 어느 눈부신 오후 아버지의 대농원 타라의 건물 현관 앞 포치의 서늘한 응달에 탈레턴가의 쌍둥이형제 스튜어트, 브렌트와 함께 앉아 있는 그녀의 모습은 한 폭의 그림과도 같이 아름다웠다. 스커트의 후프(hoop; 스커드를 빌어지세 하는 버팀테) 위로 12야드나 물결치는 녹색바탕에 꽃모양이 그

려져 있는 새로운 머슬린 드레스는 최근에 아버지가 애틀란타에서 사 온 녹색의 모로코 가죽 실내화와 잘 어울렸다. 드레스는 그 근방의 세 마을을 통틀어 제일 가는 허리의 소유자인 그녀의 17인치 허리의 아름다움을 한층 더 돋보이게 했으며, 몸에 딱 들어맞는 윗옷은 열여섯살의 소녀 치고는 성숙한 가슴의 볼륨이 드러나 있었다."

아마 이 소설을 읽어 본 적이 없는 사람이라고 해도 제목을 모르는 사람은 없을 마거릿 미첼이 지은 《바람과 함께 사라지다》의 앞 부분에 나오는 한 구절이다.
'1861년 4월' '12야드나 물결치는 드레스' '17인치의 허리' '열여섯살의 소녀치고는 성숙한 가슴'. 즉 이 소설 안에서는 이러한 것들을 상세하게 묘사함으로써 읽는 이가 세계관을 보다 구체적으로 이해할 수 있도록 제시하고 있다.

이 방법을 영업기법에서도 그대로 응용해 보자는 것이다.
극단적으로 표현하자면 수치가 몇이라든가 하는 따위의 얘기는 아무래도 상관없는 일이다. 고객의 머리 속에서 실체로서 사실적으로 느끼도록 하기 위한 요소의 하나로써 제시해 줄 필요성이 있는 것이라고 해석하기 바란다.

E X E R C I S E

연습문제 .... NINE

당신이 팔아야할 상품은 어떤 기능이 우위성을 가지고 있는가?

기능이 확인되었다면 그 우위성을 구체적으로 나타내기 위해서는 어느 값을 실제로 측정하면 좋은지를 생각하자. 그리고 기존의 비슷한 제품과 비교해서 어느 정도 우월한지를 단위와 함께 수치로 나타낸다.

당신이 알아두어야 할 필요가 있으므로 단위의 의미에 대해서도 적어두고, 당신 상품의 측정값이 비교한 상품의 측정값보다 뒤떨어지는 항목의 값을 노트에 적어두기 바란다.

NOTE

이 장을 되돌아보며

이 장의 주제는 상품에 대한 이해를 깊이하고, 상품을 사실적으로 느끼는 것이라고 글머리에서 서술했다.

무언가와 비슷하다고 느껴지지 않는가? … 그렇다. 바로 '연애'다.

다소 호감이 가는 이성에 대해서는 "당신에 대해 더욱 알고싶다"라는 상태에서 무엇이든 알고 싶어지는 것이 당연하다.

그리고 상대방에 대해 여러 가지를 알게 된 후에는 더욱 가깝게 느껴지고 더욱 좋아질 것이다.

그렇다. 이 장의 모든 단계를 넘었을 때 그 상품을 '사랑하게' 되는 것이 사실은 숨겨진 목적이었다.

당신이 팔아야 할 상품을 당신 자신이 '사랑하게' 되면, 그 상품을 파는 행위에도 당신은 더욱 적극적이 될 것이고, 틀림없이 그 일 자체도 좋아하게 되어 있을 것이다.

이 장은 그런 식으로 감정을 긍정적으로 높여 가기 위한 단계이기도 했다.

연습문제의 재확인

당신의 노트에는 지금

1. 당신이 팔아야 할 상품의 '이름과 종류'와 '상품을 인식시키는 방법'
2. 당신이 팔아야 할 상품의 '조감도'라고 할 수 있는 '한마디'에 의한 판매
3. 당신이 팔아야 할 상품의 '출처'와 '역사 및 배경'
4. 당신이 팔아야 할 상품의 '캐치카피'와 '그 배경'
5. 당신이 팔아야 할 상품의 '상품 이미지 5가지'
6. 당신이 팔아야 할 상품의 '소재 구성'
7. 당신이 팔아야 할 상품의 '그 소재를 사용하는 의도'
8. 당신이 팔아야 할 상품의 '결점'과 '그 대처방법'
9. 당신이 팔아야 할 상품의 '기능의 우위성(단위를 동반하는 실례)'

이상의 9가지가 확실하게 파악되어 있는가?
생각나지 않는다고 해서 건너 뛴 부분은 없는가?
그렇다면 이제 영업에 응용하는 작업이 상당히 익숙해졌을 것이라고 생각한다.
당신의 머리 속에서 '전체(조감)'에서 '구체'로의 구도가 점점 보이기 시작했다면 된 것이다.

이제 이쯤 되면 당신이 팔아야 할 상품에 대해 당신은 충분히 이해하고 있으리라 생각한다.

다음 단계에서는 충분히 이해하게 된 상품을 어떻게 하면 강하게 어필할 것인지에 대한 구체적인 방법으로 들어간다.
당신도 모르는 사이에 놀랄만한 기법을 몸에 익히는 것은 잠깐이다.
당신이 팔아야 할 상품을 항상 연상하면서 다음 장으로 진행하기로 하자.

제3장

마지막으로 등을 떠밀기 위한 '세뇌'

"결정을 못하고 있는 고객에게
당신은 번지점프장의 번지마스터가 되어
등을 떠밀어주면 되는 것이다."

세뇌의 흐름도

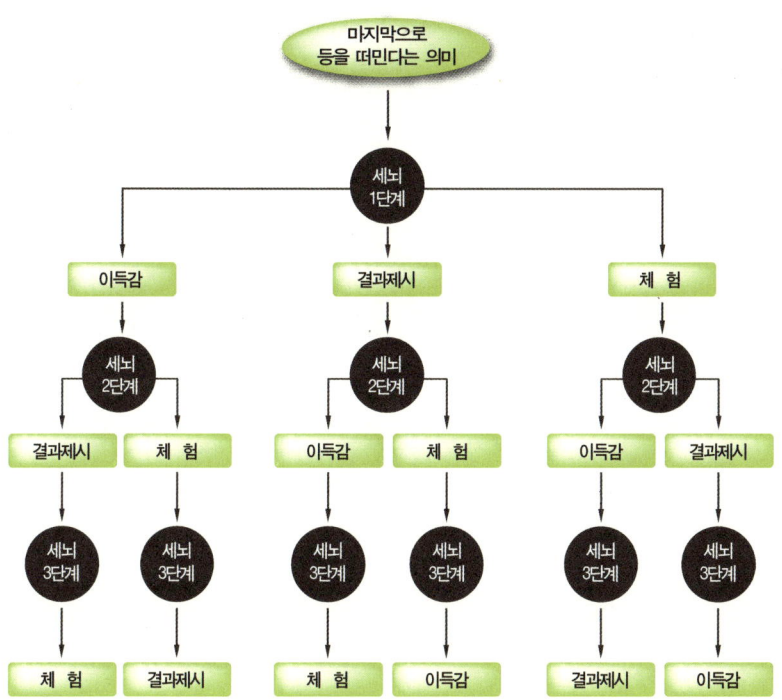

마지막으로 등을 떠밀기 위한 '세뇌'

·········· 세뇌 준비단계
마지막으로 등을 떠민다는 의미

여기까지 순조롭게 진행되었다면 당신은 이제 고객의 눈을 상품으로 돌릴 수 있게 되었다. 또한 이미 상품에 대해 충분히 이해를 하고 있으며 설명도 잘 할 수 있게 되었을 것이다.

하지만 그렇다고 해서 반드시 '구입'이라는 행위로 이어지리라는 보장은 할 수 없다는 점에 영업의 어려움이 있는 것은 아닐까.

고객은 "솔직히 잘 모르겠지만 좋은 물건인 것 같다"는 정도까지는 상품의 우수성을 이해하고 있다.

하지만 그것만으로 당장 고객의 지갑을 열게 하지는 못한다.
아마도 고객은 "좋다는 건 알겠는데…"라며 여전히 망설이고
있을 것이다. 그 이유는 첫째 결정적 요소의 결여가 아닐까 싶
다. 또 하나는 "왜 지금 사지 않으면 안되는가"라는 필연성을
찾고 있는 것이다.

자 어떻게 하겠는가?
'이야기'로 말하자면 이번 장은 '기승전결의 전(轉, 절정) = 완
전히 다른 세계를 연다'에 해당하는 것이다.

TV홈쇼핑을 예로 들면, 나는 지금까지 자신과는 전혀 무관한
남의 일처럼 진행되어 온 프로그램이 시청자인 '당신만의 것'
으로 느낄 수 있도록 만들고자 신경을 쓰면서 구성을 짜 왔다.

생각해 보자.
가령 이런 상태에 이르게 된 고객이 '보통 여자들보다는 약간
더 매력적인 25세의 회사원인 하나코'라고 하자.

그런 하나코가 어느 날 대학시절 여자친구의 주선으로 미팅에
나가게 되었다.
거기서 한 남성을 만나 어찌하다 보니 교제하기에 이르렀다.
그 남자는,

- 키 175cm. 28세. 적당한 체격. 중소기업의 영업사원.
- 스타일은 그럭저럭 나쁘지 않다. 연봉 5천만 원. 차남.
- 친절하고 상냥하지만 남자다움이 다소 부족하다.
- 바람을 피울 것 같지는 않으며, 그에게 별다른 불만은 없다.
- 부모님도 그 사람을 좋게 본다.

그 남자가 사귀기 시작한지 5개월이 지나자 "나와 결혼해 주십시오"라며 하나코에게 프러포즈를 했다. 그 때 하나코의 머리 속에는…

"난 그래도 꽤 괜찮은 여자인데!? 어쩌면 앞으로 더 좋은 남자가 나타날지도 모르잖아, 하지만 이제 나도 벌써 스물 다섯이나 되었고, 음… 지금이 결정을 해야 할 때인 것 같기도 한데 말야. 이번 기회를 놓치면 언제 또 이만한 남자가 나타날지도 모르는 일이고, 그런데 내가 이 정도의 남자에 만족해야 하나~?"라는 생각이 있을지도 모른다.

어떤가? 즉 여기까지 몸에 익힌 당신의 영업 또는 판매기법으로는, 고객이 사고 싶어 하는 마음은 앞에 나온 그녀와 같이 '미묘'한 상태다.

예를 들어 그 남자에게 '그리 싫지 않은 강한 추진력'이 있다면? "결혼해 주시지 않겠습니까"라는 표현 대신에 손을 꼭 붙잡고 "결혼하자"고 하기만 했더라도 그 '미묘함'은 적어도 오케이하기 쉬운 방향으로 움직여 주지 않았을까라는 생각이 든다.

잘 생각해보라. 이 때 고객은 이미 "사도 괜찮을까?"라는 정도의 마음은 먹고 있다.
"어때요? 기분 좋게 지갑을 여시죠."라고 재촉하는 배려….
그것이 이번 장에서 배워야 할 구매의욕을 불러일으키는 기법이다.

앞의 '결혼' 예가 그리 적당하지 않다고 생각하는 당신!
그렇다면 다음과 같이 상상해 보아라.

당신은 높이 20미터 상공에 있다.
발목에는 로프가 단단히 감겨 있다.
지금 이곳은 번지점프를 하는 곳이다.
그런데 당신은 경험이 전혀 없는 초보이다.

번지 마스터가 "이제 아무 때고 뛰어내리기만 하면 됩니다"라고 말을 한다.

이런 상황이라고 해서 당신은 곧바로 뛰어내릴 수 있겠는가?
"뛰어내릴 수 있을리 만무하지 않는가?"라는 따위의 말은 하지 않기를 바란다.
그렇다면 왜 당신은 20미터나 되는 그곳까지 올라갔는가?
'뛰어내려 보는 것도 재미있을 것 같은데, 이런 기회가 언제 다시 올지도 알 수 없는 일이고, 앞으로 이런 기회가 주어지지 않는다면 평생 경험을 못해 볼지도 몰라' 라는 정도의 생각은 있었을 것이다. 그렇지만 뛰어내리는 데는 주저하게 된다.
그렇다. 바로 이런 느낌이다.

이 때 번지 마스터가 "자, 뛰어내리세요"라며 등을 떠밀어준다면 과감하게 뛰어내릴 수도 있을 것 같은데 라는 생각을 하기도 할 것이다.

그야말로 그렇다.
결정을 못하고 있는 고객에게 당신은 번지점프장의 번지 마스터가 되어 등을 떠밀어주면 되는 것이다.

"뭐야! 고작 그만한 일이냐?"고 생각할지도 모르겠다.
하지만 고작 그만한 일이 사실은 매우 중요한 경우가 많다.
그렇다면 여기서 이미지를 그리면서 다음 3단계를 읽어 나가기 바란다.
그리고 활용을 할 때는 특별히 순서에 신경쓰지 말고, 자유자재로 자신에게 맞는 순서대로 고객에게 어필해 보아라.

세뇌 1단계 |
이득감

이 이득감을 어필하는 행위는 언뜻 생각하기에 중년 이상의 주부를 대상으로 하는 대형할인점용으로 생각될지도 모르겠다. 하지만 광고를 하는 사람의 기획서에서는 빼놓을 수 없는 "왜 지금인가?" 하는 내용이 여기에는 틀림없이 포함되어 있으며, 초보적이면서 효과적인 기법이라고 생각한다.
익숙한 예를 들면 '50개 한정', '지금 사시면 더 저렴하게~', '놀라운 가격!'과 같은 매혹적인 문구가 이득감을 나타내는 대표적인 표현에 해당한다.

내가 소비자의 입장이었을 때는 이런 문구에 매우 약했다.
'50개 한정'이라고 하는데 그 후에도 쉽게 손에 넣을 수 있었던 여러 개의 레이저 디스크 박스들.
'지금 사면 하나 더…'라고 해서 샀던 양복 수납용 커버가 몇 개월 후에는 하나 더 늘어나기도 했다.

여러 번 그런 경우에 맞닥드렸지만 신기하게도 후회는 하지 않았다.
그 순간 아무래도 꼭 사고싶다는 마음이 든 시점에서 구입한 것이기 때문에 그랬던 것 같다.

내게 TV홈쇼핑 방송의 구성 의뢰가 들어왔을 때에도 광고주로부터 상세한 설명을 듣기 전에는 당연히 이 방법을 공략해야할 시점에 잇달아 삽입하려고 생각했었다.

그런데 광고주가 그 방법은 사용하지 말라고 했다.
"제품은 모두 출처가 분명하고 신뢰가 보장된 것을 구매담당자가 엄선하고 있다. 그리고 보면 가격이 약간 비쌀지도 모르겠다. 하지만 정말로 좋은 상품은 아무리 비싸다고 해도 팔리게 마련이다. 이 프로그램의 이미지에 그런 영업 방법은 적당하지 않다"라는 견해였다.

물론 일을 맡은 이상, 고객은 왕이고 왕의 명령은 절대적이므로 따르지 않으면 안 된다.

하지만 한편으로 서민을 대표하는 소비자의 한 사람인 나로서는 다음과 같은 종류의 기분좋음을 잘 알고 있었다.

- 어쩌다 TV를 켰다가 마침 방송하고 있던 드라마를 나름대로 재미있게 본다든지,
- 데이트를 할 때 케이블 방송의 프랑스 영화보다 디즈니 애니메이션 《니모를 찾아서》를 보고싶어하는 여자에게 더욱 신선함을 느낀다든지,
- 몹시 술에 취한 친구가 "3차는 룸살롱이다. 내가 쏠테니 걱정말라구"라고 했을 때 아무런 저항도 않고 어쩔수 없다는 듯 따라가는 것이 아주 내키지 않은 것만도 아니거나,

이처럼 굳이 스스로 선택한 것은 아니지만 어떤 상황에 맞닥뜨려 평소와는 다른 행동을 하게 되고 마는 일들을 나는 '세뇌'라고 부르는 것이다.

그것은 더 정확하게 말하자면 '서민적인 기질'이라고 나는 생각한다.
유명한 소설가인 아사다지로의 책을 읽기 전에 미리 울 준비가 충분히 되어 있는 것과 같다고도 할 수 있을 것이다.

이처럼 '세뇌'를 당함으로써 느껴지는 '기분 좋음'은 무시할 수가 없다.

그리고 그것을 몸소 자각하고 있었던 나는 광고주로부터 금지

당했던 그 방법을 눈에 띄지 않는 부분에서 사용했던 것이다. 나의 TV홈쇼핑의 구성은 어디서부터 보든지 이해하기 쉽도록 30분을 3개의 구역으로 나누어 각 구역의 마지막에는 상품의 가격과 전화번호가 나타나도록 했다.

그리고 앞서 여러 차례 예를 들었던 '저반발 우레탄폼 베개'를 취급했던 프로그램에서도 가격을 보여 준 후,

전면에 판매 상품인 베개 하나를 클로즈업하면서 "사용 후에도 반품 가능!"이라는 문구가 나타나도록 한 다음,
"지금 바로 구입하시면 한 개 더! 사용 후에도 30일 이내 반품이 가능합니다"라고 음성해설로 보충하여 부각시킨 것이다.

고작 이 정도의 구성이었지만 고객들이 '이득감'을 얻었다는 '세뇌'의 쾌감을 조금이나마 얻게 되어 만족해했을 것이라고 나는 자부한다.

'이득감'이라는 '세뇌'에 의해 "왜 바로 지금 이 상품을 사지 않으면 안 되는가"라는 의문에 대한 이유가 분명해지면서 무언가 찜찜한 마음이 사라짐으로써 고객은 기분 좋게 상품을 구입할 수 있는 것이다.

사실 나 역시도 '한정 수량이 나머지 몇 개'라는 식으로 구매의욕을 불러일으키는 '실황중계 유형'이나 제조업체 직원이 출현하여 서비스로 덤을 붙여 준다는 식의 '이득감 유형'에 고객으로서 기분좋게 세뇌 당했던 적이 있으므로, 당신도 이 방법이 폭넓은 고객층에 효과적일 것이라는 사실을 이해했을 것이다.

중요한 것은 당신이 고객의 입장에만 머물러 그저 '이득감'에 '세뇌'당하는 '기분 좋음'에 취하기만 할 것이 아니라, 그것이 어떠한 경위와 의미를 지니고 거기에 이르렀는지를 확실하게 파악하여 이번에는 스스로 사용할 수 있어야 한다는 점이다.

EXERCISE

연습문제 .... **TEN**

당신이 팔아야할 상품의 '이득감'은 무엇인가?
그것이 무엇인지를 알았다면 그 '이득감'을 나타냄과 동시에 고객이 '왜 그 상품을 지금 사지 않으면 안 되는가?'라는 의문을 해소시킬 수 있는지 어떤지에 대해 생각해 보아라.
만일 '왜 지금사야 하는가?'라는 의문을 해소시킬 수 있다면 그 '이득감'은 사용가능하다.
그 '이득감'을 이용하여 구매의욕을 불러일으키는 효과가 있는 판매방식을 '한정~', '지금 구입하시면 놀랍게도~' 등과 같은 문구를 참고하면서 생각해 보기 바란다.

NOTE

· · · · · · · · · · 세뇌 2단계 |

결과제시

예를 들어 대장과 부하로 구성된 2인조 강도가 있다고 하자. 이번에 대장은 무자비한 방법으로 엄청난 현금을 강탈하려고 하고 있다. 그 때 2사람이 대화하는 장면.

부하: "대장, 그건 무리라구요. 아무리 대장의 말이라고 해도 난 그것만큼은 할 수가 없습니다. 그래도 할 거라면 대장 혼자서 하십시오. 아무리 부탁을 해도 이번만큼은 절대로 하지 않을테니까요."

장면이 바뀌자…. 부하의 얼굴에는 파란 멍이 생겼고, 부하는 대장의 뒤를 졸졸 쫓아가고 있다.

당신도 이런 영상드라마의 구성방법을 한 번 쯤은 본 적이 있을 것이다.

"이번만큼은 절대로 하지 않겠다"고 말했던 부하는 아마도 대장에게 얻어맞고 어쩔 수 없이 복종하고 있을 것이다.

이것은 '결과제시'를 통해 보는 사람으로 하여금 그 사이에 생략된 상황을 상상하게 만드는 방법이다.
이 '결과제시'를 여기서는 '영업'에 응용해 보자는 얘기다.

여전히 무슨 말인지 통 모르겠다는 사람을 위해 조금 다른 관점에서 해설하기로 하자.
이 기법은 사실 제1장의 〈마음열기 3단계〉 이후의 3가지 단계에서 사용했던 기법의 응용이기도 하다.
그 근간이 되는 기법은 일부러 전반부에서는 밝히지 않았지만 매우 간단한 한 마디의 말로 바꿔 표현할 수 있다.

그것은, '인간의 이야기 환기력에 대한 자극'이다.
아마도 이렇게 서술하면 이해하기 어려울 수 있으므로, 마지막에 총정리를 하기로 하겠다. 여기서는 이 주제의 관련성 부분만을 설명하겠다.

다음에 쓰는 내용은 내가 한 게임회사에서 계약직 시나리오 작가로서 6개월 정도 상주하면서 체험했던 일이다.
거기서는 처음에 다른 스태프들과 함께 게임의 스토리를 어떻게 만들어 갈 것인가 하는 브레인스토밍을 여러 차례 반복했다.
플레이스테이션Ⅱ용 신작 RPG(롤 플레잉 게임)의 스토리를 만들어야 하는 것이었는데, 의뢰인은 나가노 마모루의 《파이브 스타 이야기》 또는 《신세기 에반게리온》과 같은 배경을 지닌 이야기로 만들고 싶다고 했다.

무슨 말이냐 하면, 이면에는 굉장한 역사적 배경이 있는데, 게이머에게는 단편적인 정보만 제시된다.
게임을 진행해 나가는 동안에 게이머가 그 단편적인 정보를 주워모으면서 배경이야기를 유추하게 되는데, 그것이 모두 나타나는 구조는 아니라는 것이다.
다시 말해 모든 배경은 게이머가 주워모은 단편적인 정보에서 유추한 것에만 있다는 얘기다.

무슨 말인지 이해가 잘 안 될지도 모르겠다.
어린아이의 그림책을 예로 들어 생각해 보기로 하자.
일본 사람이라면 누구나 다 알고 있는 일본 전래의 옛날이야기인 〈모모타로오〉를 내용으로 한 그림책을 떠올려 보자.
그 이야기에는… 할아버지와 할머니가 집을 나와 각자 일을 하러 가는 그림, 할머니가 강에서 커다란 복숭아를 발견하는 그림, 복숭아를 집으로 가지고 와 할아버지와 함께 자르자 그 안에서 아기가 나오는 그림, 아기가 자라 머리띠를 동여메고 결의를 다지는 그림… 가령 이런 식으로 그림이 나열되는 패턴이 비교적 대중적이다.

물론 그림책에는 내용이 적혀 있다. 하지만 아직 글자를 읽지 못하는 어린 아이에게도 그와 같은 연속적인 그림을 보여줌으로써 상당히 공통적인 이야기를 그림 안에 심어줄 수가 있다.

이제 조금 이해가 되었는가?

그렇다면 나는 '결과를 사전에 제시한다'는 이 방법을 TV홈쇼핑 방송에서 어떤 식으로 사용했을까?
'베개'의 경우는 푹 잠을 자고나서 기분 좋게 눈뜨는 모습을, '골프클럽'의 경우는 페어웨이의 기가막힌 위치에 볼이 떨어지는 모습을 결과로써 제시해 주었다.

이와 같이 결과의 모습을 제시해 주면 고객은 그 물건을 손에 넣었을 때 그런 결과를 얻을 수 있다는 '이야기'를 만들어 가게 된다.

어떤가?
조금은 이미지가 그려졌을 것이라고 생각한다.
신문기사나 소설 등에서는 '행간을 읽는다'와 같은 표현을 쓰기도 하는데, 그처럼 인간에게 근원적으로 갖추어져 있는 기능을 잘 사용해 주는 것이다.
이것이 강제가 아닌 가벼운 '세뇌'인 이유이다.

EXERCISE

연습문제 .... ELEVEN

당신이 팔아야 할 상품을 사용한 고객은 어떻게 '변화' 했는가?

사용 후 고객의 '변화'하는 모습을 구체적인 이미지로 떠올려 보아라.

이미지가 그려졌다면 상품에 대한 직접적인 화법을 피하여 간접적이지만 보다 강하게 고객 자신의 미래 예상도를 그릴 수 있도록 어필하는 방법을 생각해 보자.

표현 하나 하나에 주의하는 것이 중요하다.

NOTE

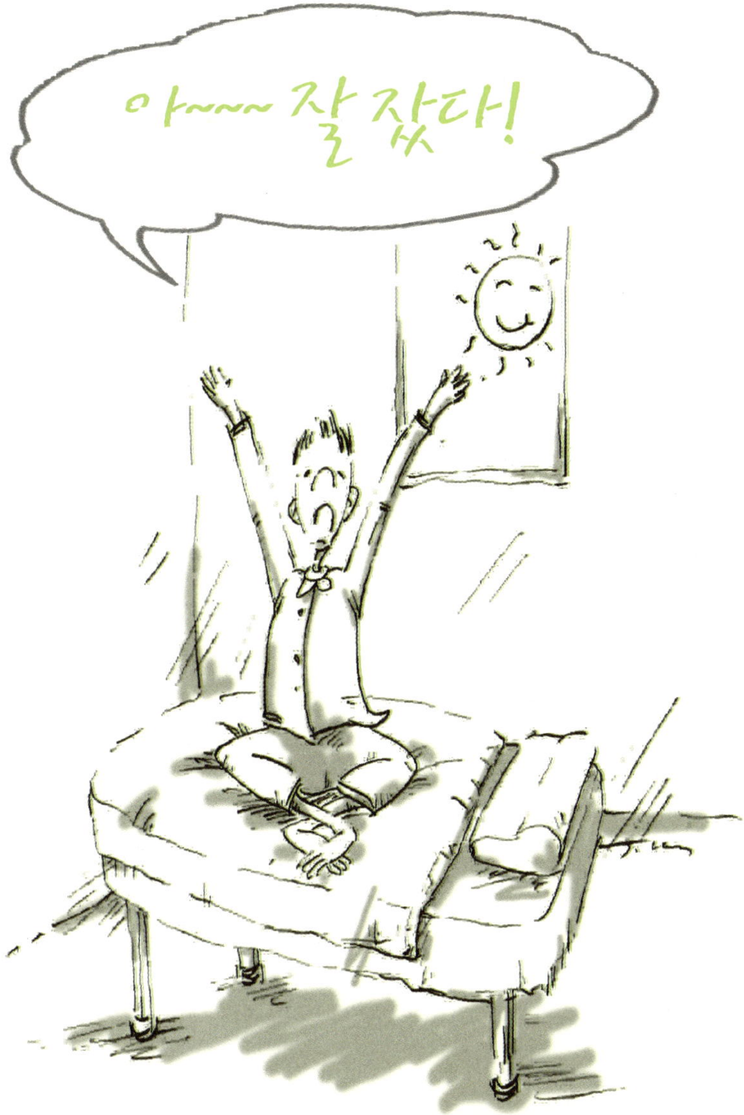
아~~~ 잘 잤다!

세뇌 3단계 |
체험

'세뇌'의 가장 효과적인 수단은 사실 다음과 같은 것들이다.

가령 슈퍼마켓의 시식 코너.
비엔나소시지의 시식 판매 등은 흔히 볼 수 있는 광경이다.
판매원이 "드셔 보세요"하며 내밀면 먹어 본다.
먹으면 "맛있다!"고 느끼게 마련이다.
"오늘 특별히 할인가격에 드리고 있습니다"하며 봉투에 담긴 소지지를 내민다.
시식을 해 본 결과 맛있었으니, 사가지고 가서 저녁 식사 때 먹으면 좋겠다고 생각하고 결국 사 간다.

이것이 일상적으로 흔히 볼 수 있는 전형적인 '체험'의 패턴이다.

'이득감'이나 '결과제시'보다도 실제로 고객 자신이 그 효과를 이미 알고 있는 만큼 직접적으로 그 효과가 전해지므로 파괴력은 대단하다.

하지만 영업에도 여러 가지 유형이 있다. 반드시 고객이 실제로 체험할 수 있는 경우만 있는 것은 아니다.

그럴 때는 어떻게 하면 좋을까?

물론 TV홈쇼핑에서도 고객이 실제로 시험하도록 하는 것은 불가능하므로 그런 경우의 참고가 될 것이다.

그래서 나는 모니터 요원에게 시험을 부탁하거나 또는 이미 사용해 본 사람을 불러모아 그 상품의 사용 소감을 인터뷰하여 대답하는 형식으로 응용했다.

인터뷰를 많이 하다 보면 가령 골프클럽의 경우
"스위트 스폿을 맞추지는 못해도 곧장 날아간다."
"이 클럽으로 공을 쳤더니 평소보다 훨씬 멀리 날아가서 깜짝 놀랐다."
"아무튼 공을 치기가 편하다. 빗나가는 경우도 거의 없어 만족한다."
"이상적인 골프클럽을 찾았다는 느낌이다."

등과 같이, 생생하게 전해지는 좋은 의견을 모을 수 있으므로 그런 인터뷰를 잇달아 구성에 삽입했던 것이다.

이런 것이라면 '영업'에도 응용할 수 있을 것이다.
예를 들어 회사에 모니터 요원이 있다면 모니터한 구체적인 사용 소감을, 모니터 요원이 없다면 당신이 실제로 몇몇 사람에게 사용해 보도록 한 다음 사용 소감을 듣고 정리하는 것이다.

그리고 고객에게 "이 상품을 써 보신 분들이 이렇게 말하고 있습니다"라고 소개함으로써 고객은 그 상품에 대해 이미지를 그릴 수 있게 된다.

3장 · 마지막으로 돈을 때밀기 위한 "세뇌"

EXERCISE

연습문제 ·········· TWELVE

당신이 팔아야 할 상품은 고객이 직접 체험해 볼 수 있는 것인가?

가능하다면 많은 사람들이 체험해 볼 수 있도록 한 다음 그에 대한 감상을 되도록 많이 모은다.

그 중에서 보다 효과적으로 상품을 소개할 수 있을 듯한 표현을 5가지를 골라 노트에 적어두자.

NOTE

연습문제의 재확인

당신의 노트에는 지금,

> 1 당신이 팔아야 할 상품의 '명칭과 종류'와 '상품을 인식시키는 방법'
> 2 당신이 팔아야 할 상품의 '조감도'라고 할 수 있는 한마디에 의한 판매
> 3 당신이 팔아야 할 상품의 '출처'와 '역사 및 배경'
> 4 당신이 팔아야 할 상품의 '캐치카피'와 '그 의미'
> 5 당신이 팔아야 할 상품의 '상품 이미지 5가지'
> 6 당신이 팔아야 할 상품의 '소재 구성'
> 7 당신이 팔아야 할 상품의 '그 소재를 사용하는 의도'
> 8 당신이 팔아야 할 상품의 '결점'과 '그 대처방법'
> 9 당신이 팔아야 할 상품의 '기능과 우위성(단위를 동반하는 실례)'
> 10 당신이 팔아야 할 상품의 '이득감'
> 11 당신이 팔아야 할 상품의 '결과를 연상시키는 어필'
> 12 당신이 팔아야 할 상품의 '구매의욕을 불러일으킬만한 사용소감 5가지'

이상의 12항목이 제대로 정리되어 있는가?

생각나지 않는다고 해서 건너뛴 부분은 없는가?

지금까지 모든 기법의 전수는 끝났다.
당신의 노트에는 영업기법의 구체적인 '무기'가 전부 갖추어
진 셈이다.
이것으로 더 이상 패배는 없을 것이다.
그 '무기'를 사용하여 맘껏 싸워 보아라.

그런데 당신은 지금 아마도 그 무기를 빨리 사용하고 싶어서
안달하고 있는 상태일 것이다.
결론 이후의 내용을 마저 읽고 냉정을 되찾아 싸움에 임하도
록 하자.

괜찮다. 승리는 이제 눈앞에 있으니까.

결론

그리고,
놀랄만한 기법으로

"여기서부터는 당신이 이 책을 통해 익힌 기법을 사용하여, 고객에게 상품을 판매하고, 그것을 '결'로써 영업이라는 이야기를 스스로 완결시킬 필요가 있다."

결론 |
그리고, 놀랄만한 기법으로

응용문제

자 이제 당신은 12가지 실천적 연습문제를 소화함으로써 영업 기법이 충분히 몸에 베었을 것이다.

구체적인 한 가지 상품만을 적용시켜 생각해 온 당신은 과연 이 방법이 정말로 다른 것에도 응용할 수 있을까 하고 불안하게 생각하고 있을지도 모르겠다.

그래서 결론에 들어가기 전에 응용문제를 하나 풀어보기로 하자.

어떤 상품? 이냐고 묻지 않기를 바란다.
그것이 어떠한 '상품'이라고 한다면, 당신은 지금까지 어떤 한 가지 상품을 적용시켜 왔을 것이므로, 문제집의 해설서에 나와있는 정답을 대조하듯이 그런 단편적인 감각밖에 지니지 못하게 되고 '놀랄만한 기법'을 익혔다는 성취감을 느끼지 못하게 될 것이다.

나는 지금까지 여러 차례 말했다.
매력적인 〈이야기 화법〉은 모든 행동에 응용할 수 있다고….

응용문제는 '연애'이다.
당신에게는 마음이 여리고 자신감이 없는 동성의 친구가 있다.
친구는 독신인데 사실은 최근들어 좋아하는 여성이 생겼다고 한다.
친구는 그 여성과 사귀고 싶은 마음이 굴뚝같지만 자신이 먼저 말을 걸지 못하겠다고 고민하고 있다.
친구가 당신에게 어떻게든 도와달라고 부탁한다.

여기서 응용문제이다.
자, 당신이 사랑의 큐피트가 되어 친구의 고민을 해결해 주어 보자.

이제 더 이상 어렵게 생각할 필요는 없다.
12가지 연습문제에 차례로 적용시켜 나가면 되는 것이다.
'상품'에는 '친구'를, '고객'에는 '친구가 좋아하는 여성'을 대입시켜 진행해 가보자.

① 의식개혁

그 여성에게 당신의 친구가 '남자친구'가 아닌 '이성'이라는 점을 인식시킨다.

② 조감도

그 여성에게 당신의 친구가 어떤 사람인지를 전달한다.

③ 브랜드 각인시키기

친구의 고향이나 지금까지의 경험(역사) 등을 말해 보아라.

④ 갑작스런 핵심 제시

'친구의 좋아하는 마음'을 독특한 짧은 말로 캐치하여 전달하자.

⑤ 이미지

친구가 지닌 인간성이 드러나도록 적절한 선에서 통일적으로 연출해 주어라.

⑥ 메커니즘 조사

친구의 내면, 가치관 등을 전달하라.

⑦ 소재 분석

그 내면이 얼마나 대단한 것인지를 전달하라.

⑧ 결점에 대한 대처

예를 들어 '체력이 없다'든지 '치질이 있다'든지 '몽고

반점이 아직까지도 남아있다' 등과 같은 결점은 처음부터 밝힌다. 그 결점들을 보완할만한 장점을 늘어 놓음으로써 결점을 커버한다.

⑨ 그래프와 수치

다른 남자들보다 당신의 친구가 우수한 부분을 구체적으로 전달하라.

⑩ 이득감

'회사에서도 능력을 인정받아 차기 대리 승진대상'이라는 등의 이득감을 어필한다.

⑪ 결과제시

예를 들어, 친구가 최근에 새로 산 포르쉐를 은근슬쩍 보여준다.

⑫ 사용 소감

남들이 당신의 친구를 칭찬하고, 얼마나 괜찮은 사람인지를 말하는 소리를 들려주자.

뒷부분의 3가지 항목은 '세뇌'이므로 다소 억지스러운 점도 있지만, 이처럼 쉽게 바꿔 놓을 수가 있다.

이런 응용편을 전개한 데에는 이유가 있다.

그것은 이 책의 구성과 관계가 있다.

나는 지금까지 이미지와 실례를 들면서 나의 〈이야기 화법〉을 가지고 응용하는 방법을 소개했다.

어딘가 이상하다고 생각하지 않는가?

이야기는 보통 '기승전결'로 이루어지는데, '기승전'의 세 장으로 나누어 설명을 하면서 '결(結, 결말)' 부분에 대해 아직까지 아무런 언급도 하지 않았다.

그런데 기법은 여기까지이다.

그렇다면 '결'은 무엇인가?

앞의 예를 들 때 짝사랑이 아니라 연애라고 표현했다.
그런데 일방통행인 경우는 '연애'라고 부를 수 없다.
상대방 여성으로부터 오케이라는 대답이 나와야 비로소 '짝사랑'은 이루어지는 것이고 서로의 마음이 통하는 '연애'로 발전해 가는 것이다.

TV홈쇼핑의 경우도 마찬가지다.
'결'이 없으면 그저 단순한 '상품소개 프로그램'으로 끝난다.
30분간의 방송 내용을 시청자가 보고 마음이 움직여 마지막에는 자발적인 '구입'으로 이어져야 비로소 'TV홈쇼핑'이 되는 것이다.

> 즉 '결'은 '고객이 상품을 구입하는 것'이다.

이제 당신은 '기, 승, 전'까지 쭉 읽고 영업 기법을 이론과 함께 체계적으로 익히게 되었을 것이라고 생각한다.
그리고 여기서부터는 당신이 이 책을 통해 익힌 기법을 사용하여, 고객에게 상품을 판매하고, 그것을 '결'로써 영업이라는 이야기를 스스로 완결시킬 필요가 있다.

또한 이 책에서 서술한 내용은 영화나 소설 등의 이야기에서 응용할 수 있는 '기법'과 '구성'에 지나지 않는다.
하지만 이야기의 요소에는 또 하나 잊어서는 안 되는 매우 중요한 것이 있다.

그것은 '드라마'이다.

여기서 굳이 '드라마'의 응용방법에 대해서는 언급하지 않으려고 한다.

그 이유는, 이 책을 읽은 당신이 스스로 '기법'과 '구성'을 이용하여, 영업이라는 '드라마'를 실제 체험하기를 바라기 때문이다.

유감스럽게도 나로서는 그 이상은 도울 수가 없다.

12가지 기법을 자유자재로 완벽하게 구사하여, 당신 자신의 손으로 역사에 남을만한 몇 가지 걸작의 영업 드라마를 탄생시켜 보기 바란다.

부록

'저반발 우레탄폼 베개'
구성표

부록을 읽기 전에

이 부록에 게재한 4장의 표는 실제로 사용했던 TV홈쇼핑 구성표의 일부이다. 상품은 본문 안에서도 여러 차례 등장했던 '저반발 우레탄폼 베개'.

나는 30분간의 프로그램을 주제별로 크게 세 부분(각 10분)으로 나누어 구성했다.

본문과 마찬가지로 첫 구성은 '마음열기', 두 번째 구성은 '취재', 세 번째 구성은 '세뇌'가 각각 주요 내용이다.

각 주제를 약 7분동안에 소개하고 마지막 3분동안에는 176쪽에 게재한 공통항목을 반드시 삽입하도록 했다.

공통항목 부분에는 이 부분만 보아도 상품의 우위성을 짐작할 수 있도록 특징의 정리(마음열기 3단계 '조감도')와 캐치프레이즈(마음열기 4단계 '갑작스런 핵심제시'), 이미지(마음열기 5단계 '이미지'), 세뇌의 각 요소 등을 집어넣고 이 요소들을 어느 구성 부분에서든 마지막에 내보냄으로써 도중에 방송을 본 시청자들도 망설임 없이 상품을 구입할 수 있도록 자연스럽게 상품 구매의욕을 불러일으킬 수 있도록 신경썼다.

이하 180쪽에는 '마음열기'를 주제로 만든 '구성Ⅰ', 184쪽에는 '취재'를 주제로 만든 '구성Ⅱ', 188쪽에는 '세뇌'를 주제로 만든 '구성Ⅲ'을 일부 게재했다.

테두리 안의 해설과 함께 참조해 보기 바란다.

Y사 저반발 우레탄폼 베개 'XXXX' 공통항목 - ①

영상	인물	대사
이미지		상품 컷 조명
상품 컷	남성 내레이터	'XXXX(상품명)', 일본의 풍토에 가장 적합한 이 혁신적인 베개에는 다른 우레탄폼 베개에는 없는 커다란 4가지 특징이 있습니다.
블록형과 몰드형의 강도를 비교한 컴퓨터그래픽	여성 내레이터	특징 1. '항상 같은 경도를 유지하는 저반발 우레탄폼'. 계절이나 기후, 온도변화에 관계없이 4계절 일정한 탄력을 유지하는 몰드형 저반발 우레탄폼을 채용. 머리와 목에 딱 들어맞는 편안하고 안정된 느낌을 사시사철 느낄 수가 있습니다.
허니콤 컴퓨터그래픽	여성 내레이터	특징 2. '형태가 잘 망가지지 않는 허니콤(honey comb, 벌집모양) 구조'. 커버에는 질기고 세탁수축율이 적은 크리스탈 코튼을 사용. 잘 변형되지 않는 허니콤 구조로 만들어 장시간 사용을 해도 변형되는 일이 거의 없습니다. 게다가 머리부분이 지나치게 가라앉지 않아 몸을 뒤척이기도 매우 편해졌습니다!
에어 입체구조	여성 내레이터	특징 3. '통기성이 우수한 에어 입체 구조'. 크리스탈 코튼을 사용한 허니콤 입체구조가 머리가 닿는 면과 베개 본체 사이에 공기층을 형성. 뛰어난 통기성으로 땀흘림이나 촉촉함을 방지하고 기존의 우레탄폼 베개에서 커다란 문제가 되었던 여름철 불쾌감을 없앴습니다.
6가지 악취가 흡착·분해되어 물과 이산화탄소가 되는 컴퓨터그래픽	여성 내레이터	특징 4. '세계 최초! ☆☆☆☆(냄새제거기능)'. 포름알데히드, 담배냄새, 생활악취, 땀냄새, 노인냄새, 화장실냄새 등 6가지의 악취를 전기나 빛을 사용하지 않고 강력하게 흡착·분해합니다. 물에 적셔도 성능이 떨어지지 않는 '공기를 씻어내는' 아주 새로운 냄새제거 방식입니다.

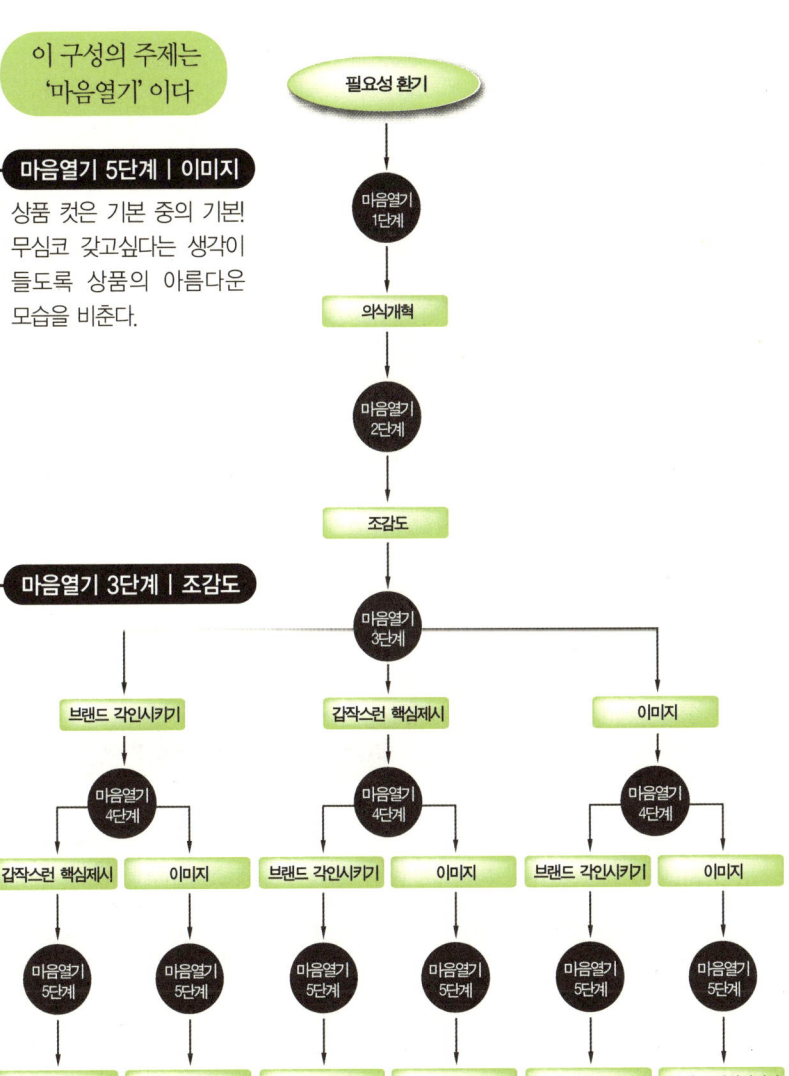

Y사 저반발 우레탄폼 베개 'XXXX' 공통항목 - ②

영상	인물	대사
캐치	남성 내레이터	자, 이제 당신도 한 차원 향상된 성능을 지닌 베개인 'XXXX(상품명)'로 더욱더 기분 좋은 꿈의 세계로 여행해보시면 어떨까요?
이미지		(푹 자고) 기분좋게 눈을 뜨는 모습
CAT	남성 내레이터	한 차원 높은 성능의 베개로 수면혁명'. 우리나라 기후에 가장 적합한 아주 새로운 형태의 혁신적인 저반발 우레탄폼 베개 'XXXX(상품명)'. 제공가격은 세금포함 ○○○○원. 자 당신도 'XXXX(상품명)'로 한 차원 높아진 수면의 세계를 경험해 보시기 바랍니다. 대금지불 방법은 상품수령 시에 지불하시면 됩니다. 각종 신용카드를 사용하실 수 있습니다. 신청은 무료 주문전화 □□□□로 지금 당장! 24시간 언제든지 접수합니다. 지금 바로 접수하시면 놀랍게도! 사용 후에도 30일 이내 반품 가능합니다! 꼭 한번 감촉을 느껴 보시기 바랍니다!

마음열기 4단계 | 갑작스런 핵심 제시

이것은 임시 캐치프레이즈인데 이런 식으로 매회 캐치프레이즈를 연타함으로써 상품에 대한 인상을 강하게 하는 것이다.

세뇌 1단계 | 이득감

세뇌 2단계 | 결과 제시

기분 좋게 잠에서 깨는 모습은 이 상품을 사용한 후의 모습이다.
이 영상을 통해 시청자 각자가 그 사용 소감을 상상하도록 하는 효과를 노리고 있다.

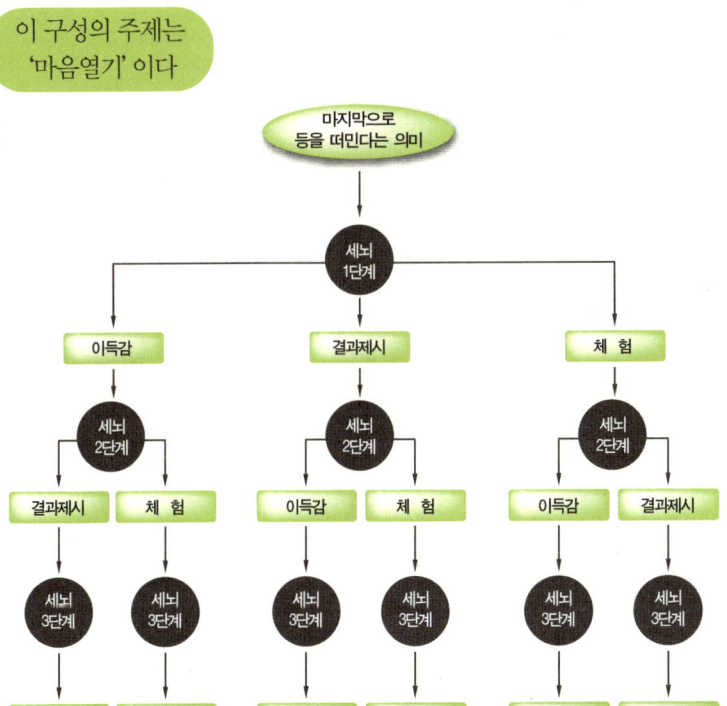

Y사 저반발 우레탄폼 베개 'XXXX' 구성 1 - ①

영상	인물	대사
이미지 화면	남성 내레이터	"당신은 정말로 편안히 주무시고 계십니까?"
가두 인터뷰 플래쉬	일반인	"정말로 편하고 마음에 꼭 드는 베개를 찾는다는 것은 너무 어려운 일 같아요."
이미지화면 대사와 함께 잇달아 쓰러져서 잠에 빠지는 영상 → 일본의 사계절 이미지 영상 → 저반발을 형상화한 영상 등으로 바뀌고 마지막에는 아름다운 상품 컷	남성 내레이터	지금까지 느껴 본 적이 없는 편안한 잠을, 베개를 바꾸기만 해도 가질 수가 있다면 어떻겠습니까?
		여름철에는 습기가 많아 무덥고, 겨울에는 극단적으로 기온이 떨어져 추워서 잠자기 힘든 일본의 풍토. 그런 기후에 적합한 베개를 만든다는 것은 좀처럼 쉽지 않은 일이었습니다.
		하지만 이제 일본의 풍토에 가장 잘 맞는 이상적인 베개가 마침내 탄생했습니다. … 그것이 'XXXX(상품명)'!
		이 베개로 당신도 보다 편안한 꿈의 세계로 여행을 떠날 수가 있습니다!

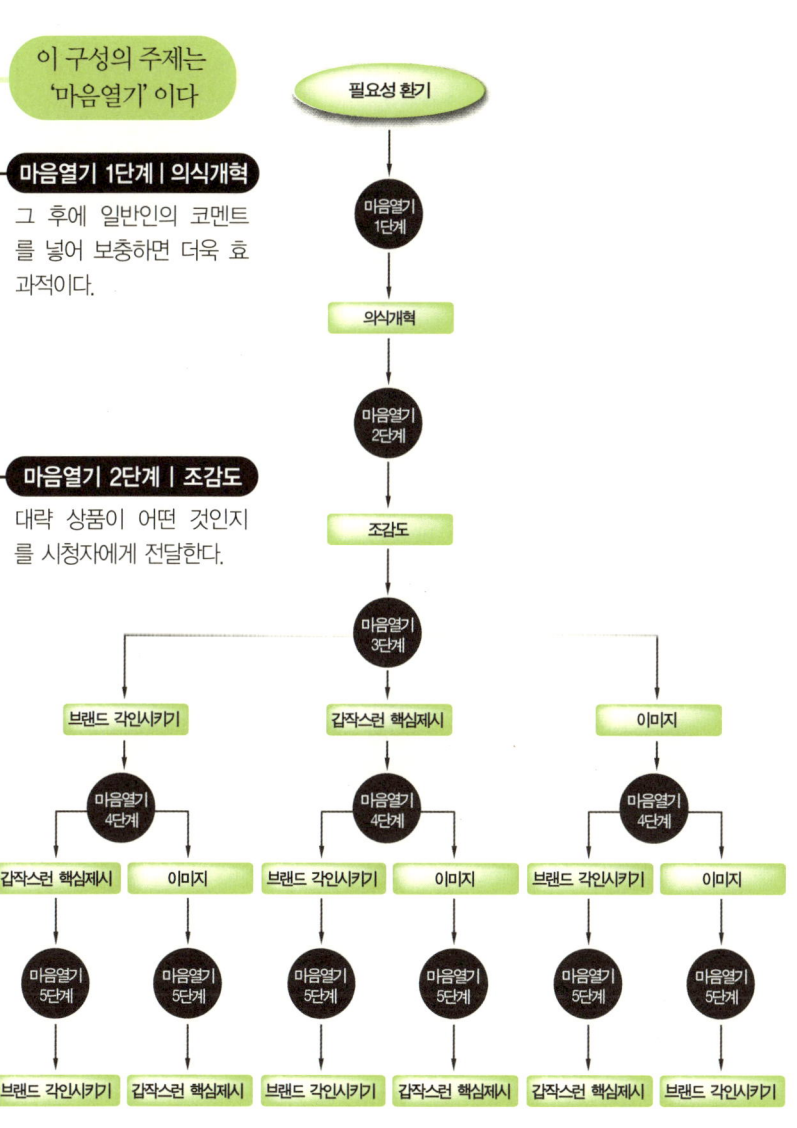

Y사 저반발 우레탄폼 베개 'XXXX' 구성 1 - ②

영상	인물	대사
회사 이미지~ 천의 제조 과정 ~저반발 베개	남성 내레이터	일본인을 위한 혁신적인 베개 'XXXX'(상품명)을 고안한 회사는 의류를 전문으로 생산하는 Y사였습니다. 이 상품을 처음 제안했던 K씨는 말합니다.
Y사 K씨의 코멘트	Y사의 K씨	"저 역시도 제게 꼭 맞는 베개를 찾지 못했었습니다…(이하 생략)"
베개 이미지~ 철저하게 우레탄 베개를 조사하는 모습	남성 내레이터	여기서 K씨는 지금까지는 없었던 이상적인 베개를 만들고자 저반발 우렌탄폼 베개를 철저하게 조사했습니다. 그리고 기존의 저반발 우레탄폼 베개에는 3가지 큰 결점이 있다는 것을 발견했습니다. 하나는 '축축해짐', 기존의 우레탄폼 베개는 열이 잘 방출되지 않아 불편했습니다. 또 하나는 '형태의 변형' 우레탄은 자유자재로 움푹 들어가는데, 그것이 지나쳐 형태가 심하게 망가지기 쉬웠습니다…(이하 생략)
4가지 요소가 베개에 적절하게 적용된 이미지 또는 컴퓨터 그래픽 영상	남성 내레이터	구상 기간 3년여의 시간이 흘러 탄력을 유지하면서 잘 변형되지 않고 통기성이 우수하며 또한 냄새 제거 효과도 있는, 그야말로 이상적인 저반발 우레탄폼 베개 'XXXX'가 마침내 완성되었던 것입니다.

마음열기 3단계 | 브랜드 각인시키기!

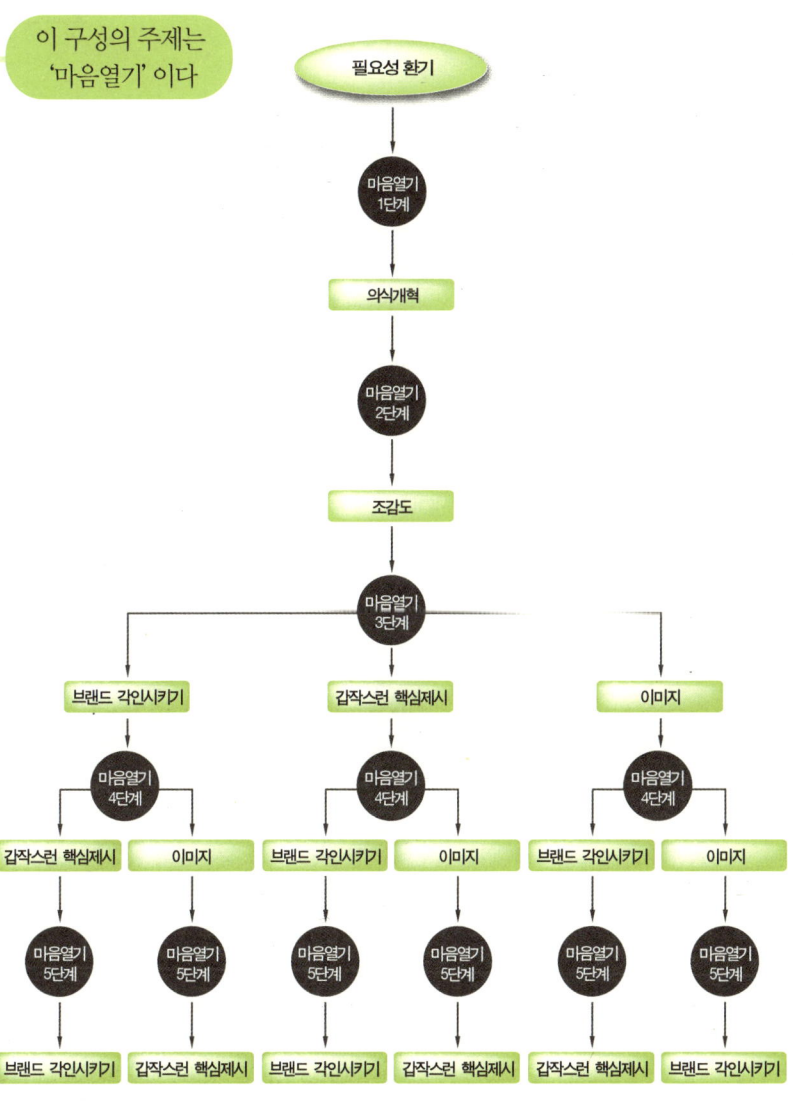

Y사 저반발 우레탄폼 베개 'XXXX' 구성 2 - ①

영상	인물	대사
이미지		아기가 쌔근쌔근 기분 좋게 잠을 자고 있는 모습
잠자는 이미지와 상품 컷	남성 내레이터	일본의 풍토에 가장 적합한 혁신적인 저반발 우레탄폼 베개 'XXXX(상품명)'. 여기서는 숨겨진 기술의 비밀에 대해 해명해 보기로 하겠습니다.
상품 컷	남성 내레이터	XXXX 가 계절이나 온도에 좌우되지 않고, 늘 같은 경도를 유지할수 있도록 만든 것은 우리나라 환경에 맞는 베개를 만들어고자 하는 정열이 탄생시킨 '저반발 우레탄폼'의 개발에 성공했기 때문입니다.
사용자 코멘트	사용자	"지금까지의 베개와는 확실하게 다르다는 느낌이 듭니다."
우레탄의 실험 ~ 제조공정	남성 내레이터	저반발 우레탄폼의 특징은 몇백종류에 이르는 시제품 테스트에 의해 최적의 밀도와 액체 용액의 배합 균형을 찾아낸 데에 있습니다. 게다가 비용이 적게 드는 블록형이 아니라, 하나하나 독립적인 몰드금형을 사용함으로써 베개 전체의 강도를 높이고, 온도 변화의 영향을 쉽게 받지 않도록 만드는데 성공한 것입니다.
우레탄의 실험 분석 영향	남성 내레이터	우레탄폼의 강도를 테스트해 보았습니다. 이것은 압축응력 데스트, 즉 압력을 가해 되돌아오는 힘을 계측하는 것입니다. 이 대표적인 우레탄폼 베개의 경우 상온에서는 이러한 곡선을 그리지만, 실온을 3℃ 내리면 되돌아오는 힘이 커집니다. 이것은 우레탄이 온도저하에 의해 딱딱해졌음을 의미합니다. 그럼 'XXXX(상품명)'에서는 어떨까요? 'XXXX'의 경우 상온에서나 실온을 3℃ 내리거나 그래프의 곡선에는 변화가 거의 없습니다. 이것은 'XXXX'가 항상 부드러움을 유지할 수 있는 이유입니다. 보시는 바와 같이 대표적인 우레탄폼 베개와 'XXXX'의 차이가 이 테스트에 의해 분명해졌습니다.

이 구성의 주제는 '취재'이다

마음열기 5단계 | 이미지

이 부분 이외에서도 여러 가지 아이디어를 활용하여 '가벼운 세뇌'와 '입가심'의 역할을 노린다.

이 상품을 구성하는 '우레탄' '커버' '냄새제거기능' (취재 1단계 '메커니즘 조사')에 대해 각각 분석하여 (취재 2단계 '소재 분석', 실험(취재 3단계 '그래프와 수치'), 사용자의 코멘트로 그것을 보조하는 형태를 취하고 있다.
본문 안에서도 밝혔듯이 여기서 취재의 3단계 접근법을 동시에 사용하고 있다.

Y사 저반발 우레탄폼 베개 'XXXX' 구성 2 - ②

영상	인물	대사
이미지	남성 내레이터	형태가 쉽게 망가지지 않는 허니콤 구조로 되어있으며 통기성 또한 우수한 에어 입체구조를 채용한 독자개발 커버의 비밀에 다가가 봅니다.
이미지	남성 내레이터	슈퍼 저반발 우레탄폼을 사용하여 허니콤 구조와 에어 입체구조로 다른 베개를 압도하는 'XXXX(상품명)'. 하지만 이뿐만이 아닙니다. 더욱이 이 'XXXX'의 독자적인 특징 …그것은 '냄새'에 주목했다는 점입니다!
냄새 실험 영상주사기	남성 내레이터	효과를 실제로 살펴보기로 하지요. '☆☆☆☆(냄새제거기능)'이 있는 공간과 아무것도 없는 공간에서 담배냄새를 측정합니다. 15분 후 어떻게 되었을까요? 아무것도 없는 공간에서는 12PPM으로, 높은 수치를 보인데 비해 '☆☆☆☆'이 있는 공간은 1PPM 이하로, 거의 냄새가 남아 있지 않다는 사실이 증명되었습니다.
이미지	남성 내레이터	'슈퍼 저반발 우레탄폼'에 '허니콤 구조'와 '에어 입체구조', 그리고 세계최초의 '☆☆☆☆(소취 기능명)', 이러한 특징을 모두 함께 지닌 이상적인 저반발 우레탄폼 베개 'XXXX(상품명)'. 당신도 이 베개로 새로운 잠의 세계를 경험해보지 않으시겠습니까?

이 구성의 주제는 '취재'이다

이 상품을 구성하는 '우레탄' '커버' '냄새제거기능'(취재 1단계 '메커니즘 조사')에 대해 각각 분석하여 (취재 2단계 '소재 분석', 실험(취재 3단계 '그래프와 수치'), 사용자의 코멘트로 그것을 보조하는 형태를 취하고 있다.
본문 안에서도 밝혔듯이 여기서 취재의 3단계 접근법을 동시에 사용하고 있다.

Y사 저반발 우레탄폼 베개 'XXXX' 구성 3 - ①

영상	인물	대사
이미지		흰구름과 같은 곳에서 천사가 내려오는 모습
컴퓨터그래픽	남성 내레이터	여름철은 습기가 많아 무덥고, 겨울철은 기온이 떨어져 추운 일본의 풍토. 그런 환경에 맞는 베개를 만들고자 하는 정열에서 개발된 저반발 우레탄폼 베개 'XXXX(상품명)'. 마지막에는 실제로 이 XXXX를 베고 자보도록 하여, 그 사용 소감을 통해 XXXX의 실력을 재확인 해보기로 하겠습니다.
컴퓨터그래픽	남성 내레이터	인간은 잠을 자는 동안에 한 컵 정도의 땀을 흘린다고 합니다. 몸이 더워지면서 땀이 나는 것입니다. 그런데 베개에 열이 잔류하게 되면 신경이 쓰여 숙면을 방해받는다고 느끼는 사람도 적지 않다고 합니다.
온도 측정기 1	남성 내레이터	그렇다면 베개에 열이 잔류한다는 것은 어떤 의미일까요? 서모그래프를 사용하여 실제로 측정해 보았습니다.
온도 측정기 2	남성 내레이터	40℃의 온수가 들어 있는 통을 사람의 머리를 대신하여 대표적인 우레탄폼 베개와 XXXX 위에 일정시간 둡니다. 그리고 온수가 들어 있는 통을 치운 다음 열이 식는 과정을 지켜보았더니, 보시는 바와 같이 XXXX의 경우 열이 거의 식었는데 비해 대표적인 우레탄폼 베개는 열이 광범위하게 확산되어 좀처럼 식지 않는다는 측정결과가 나왔습니다.
온도 측정기 사용 코멘트	사용자	"우레탄 베개는 잠자리가 편하지 않아 싫어했었는데, 이 XXXX을 베었더니 편안히 잘 수가 있었습니다"

이 구성의 주제는 '세뇌'이다

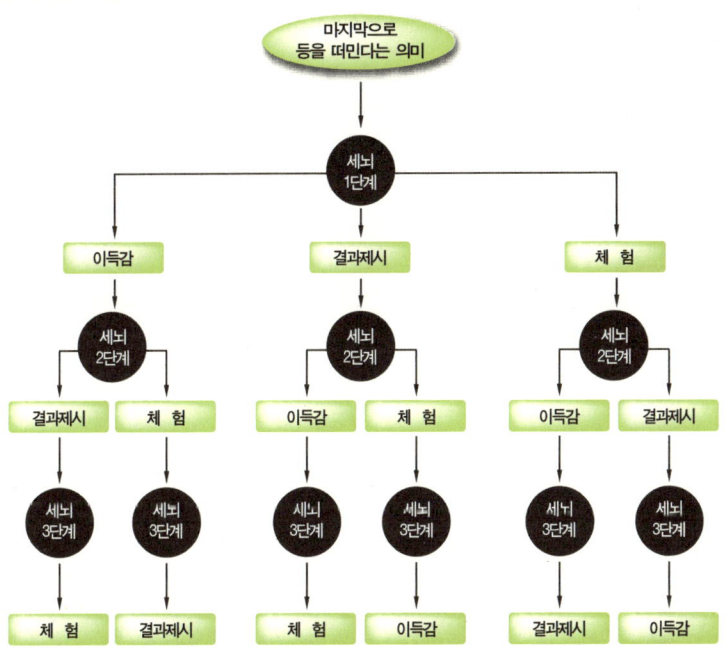

여기서는 '우레탄'과 '커버'에 대한 각각의 사용 소감이 핵심이다. 각각 사용자의 코멘트를 반드시 별도로 덧붙여, 시청자도 간접 체험을 통해 기분 좋게 구입할 수 있도록 만드는 데 유의했다.

Y사 저반발 우레탄폼 베개 'XXXX' 구성 3 - ②

영상	인물	대사
이미지 컴퓨터그래픽	남성 내레이터	커버에 채용한 '허니콤 구조'와 '에어 입체 구조'에 의해 머리가 닿는 부분과 베개 본체 사이에 공기층이 형성되어 공기가 밖으로 빠져나갈 수 있게 되었고, 또한 크리스탈 코튼을 사용하여 축축한 느낌 같은 불쾌감을 억제하는 데 성공했습니다.
컴퓨터그래픽	남성 내레이터	또한 'XXXX(상품명)'는 잘 때 몸을 뒤척이기 쉬운 구조입니다. 기존의 우레탄 베개는 머리가 너무 푹 꺼져 좌우로 돌리기가 쉽지 않다는 난점이 있었습니다. XXXX는 허니콤 구조의 커버를 채용함으로써 머리가 지나치게 푹 꺼지는 것을 해소. 우레탄 베개라도 원활하게 머리를 좌우로 움직일 수 있게 되었습니다. 지금까지 메밀껍질베개를 사용해서 높낮이 조정이 안 되고 너무 딱딱하다는 불만을 느꼈던 사람들에게도 아주 만족스러운 제품이 될 것입니다.
사용 코멘트	사용자	"머리를 좌우로 움직일 때마다 잠을 깨곤 했는데, 이 베개를 사용하면서부터는 한 번도 그런 적이 없었습니다"
이미지	남성 내레이터	게다가 커버에 세계최초의 '☆☆☆☆(냄새제거기능)'을 채용! 포름알데히드나 담배냄새 등 6가지 종류의 악취를 흡착 분해하는 데 성공했습니다.
사용 코멘트	사용자	"지금까지 담배냄새가 매우 거슬렸는데, 공기가 상쾌해진 느낌입니다"

이 구성의 주제는 '세뇌'이다

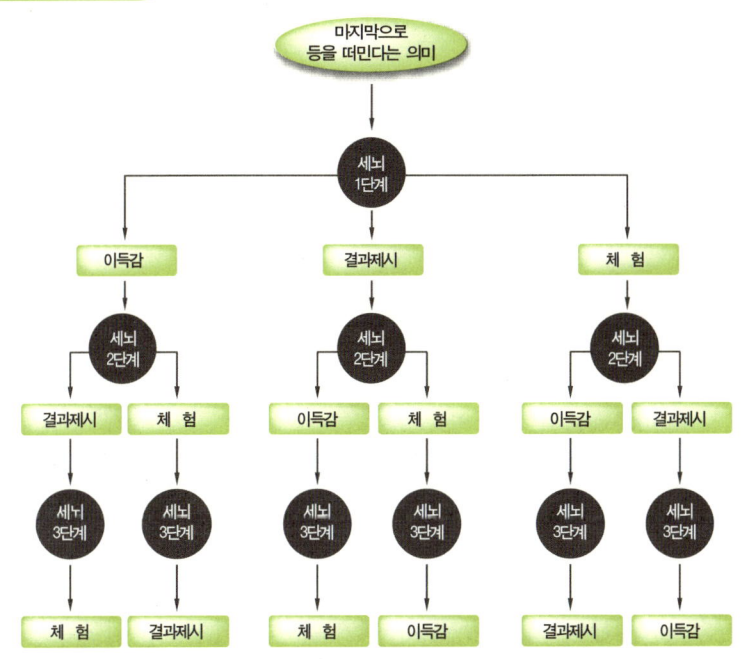

여기서는 '우레탄'과 '커버'에 대한 각각의 사용 소감이 핵심이다. 각각 사용자의 코멘트를 반드시 별도로 덧붙여, 시청자도 간접 체험을 통해 기분 좋게 구입할 수 있도록 만드는 데 유의했다.

취재 중 발생할 수 있는 문제 | 결점에 대한 대처

다른 우레탄폼 베개에 비해 뛰어난 우위성을 부각시키면서, 결점에 대처하기 위한 말 한마디를 덧붙여 상품을 구체적으로 느낄 수 있게 했다.

글을 마치며

이미지와 실례를 들면서 설명해 온 12단계 세일즈 기법은 어땠는가?

"그 정도쯤이야 누구나가 다 아는 사실이다"라고 말하고 싶은 사람도 있을지 모르겠다.
하지만 굳이 한마디 하자면 어디서도 들어본 적이 없는 방법 따위는 이 세상 어디에도 있을리 없다.

러시아의 민속학자 블라디미르 프로프는, 《민담 형태학》이라는 책 속에서 옛날 이야기는 31가지 기능의 조합에 지나지 않는다고 분석했다.
또한 프랑스의 극작가 조르주 퐁티는, 이야기는 36가지 극적 상황(Situation)을 나누어 사용하고 조합시킴으로써 성립한다고 했다.
다시말해 아무리 우수한 이야기라고 해도 몇 가지 기능의 조합에 지나지 않으며, 우수한 세일즈 기법 또한 여러 가지 기법의 조합일 뿐이다.

내가 이론을 고집하는 이유는 이론으로 되돌아감으로써 어떤 상황에서도 응용이 가능하기 때문이다.
다만 매뉴얼에 따라 행동을 기억하는 것이 아니라, 어째서 그렇게 할 수 있을 것인가하는 근거를 토대로 접근함으로써 자신감과 돌파력을 쌓아 갈 수 있을 것이라고 생각했기 때문이다.

또한 나는 구성대본을 쓰기 전부터 상황을 설정할 수 있었으므로 TV홈쇼핑에서 큰 인기를 끌 확신이 있었으며, 실제로 한 가지 상품으로 30분간의 방송에서 50억 원이라는 매출을 올릴 수가 있었던 것이다.

자, 이제 서론에서 언급했던 이 책의 결론으로 되돌아 가보자.

> 다른 사람에게 물건을 사도록 만드는 것은 이야기로 다른 사람을 감동시키는 것과 같다

이제 이해가 되었을 것이라고 생각한다.

즉 정보를 '효과적으로 제공함'으로써 정보와 정보사이의 간격을 상상(또는 창조성)으로 메워가도록 만드는 것이다. 이것이 바로 인간이 근원적으로 지닌 '이야기 환기력'을 자극하여 마음을 움직이고자 하는 것이다.

마지막으로 하나만 주의하자.
'효과적'이란 말은 대단히 중요하다. 영화가 시간예술이고 TV홈쇼핑 또한 시간예술이듯이 영업 역시 시간이 무한정으로 있는 것은 아니다.

불필요한 얘기는 가능한 한 배제하고 상대방이 싫증을 내지 않도록 하면서 효과적으로 영업을 전개하는 것도 잊지 말기 바란다.

그리고 나머지는… 여기까지 이 책을 읽고 성장해있는 현재의 자신을 믿는 것이다.

"사람을 목표로 향하게 하는 파워는 『자신은 그것을 달성할 수 있다』고 하는 인식에서 생긴다. 의심이나 불안은 그 인식의 최대의 적이다."
– 제임스 앨런(James Allen)

"자기자신을 신뢰하면 다른 많은 사물에 대한 신뢰가 생긴다."
– 라 로슈푸코(La Rochefoucauld)

세일즈는 이야기다
30분에 50억을 판 남자의 스토리 셀링

초판 1쇄 인쇄 2004년 11월 26일
초판 1쇄 발행 2004년 12월 17일

펴낸곳 | 한국산업훈련연구소(KITI)
펴낸이 | 박경일
지은이 | 호시노 타쿠야
옮긴이 | 고정아
편　집 | 배성철
마케팅 | 변영권
디자인 | 공　존

등록일 | 1978년 6월 24일
등록번호 | 제1-256호

주　소 | 서울시 동대문구 신설동 104-30 (우편번호 130-812)
전　화 | 02-2234-4174~5　팩　스 | 02-2234-6070
이메일 | kiti@chol.com

ISBN　89-7019-156-9　03320

＊값은 뒷표지에 있습니다.
＊잘못된 책은 교환하여 드립니다.